Georg Seidlitz

Die Bildungsgesetze der Vogeleier in histologischer und genetischer Beziehung

Georg Seidlitz

Die Bildungsgesetze der Vogeleier in histologischer und genetischer Beziehung

ISBN/EAN: 9783743381650

Hergestellt in Europa, USA, Kanada, Australien, Japan

Cover: Foto ©berggeist007 / pixelio.de

Manufactured and distributed by brebook publishing software (www.brebook.com)

Georg Seidlitz

Die Bildungsgesetze der Vogeleier in histologischer und genetischer Beziehung

DIE
BILDUNGSGESETZE DER VOGELEIER

IN

HISTOLOGISCHER UND GENETISCHER BEZIEHUNG

UND DAS

TRANSMUTATIONSGESETZ DER ORGANISMEN

VON

DR. GEORG SEIDLITZ

AUS DORPAT.

LEIPZIG
VERLAG VON WILHELM ENGELMANN
1869.

Einleitung.

Die Naturforschung der Gegenwart hat die Aufgabe die bisher schroff gegenüberstehenden Forschungsmethoden der Empirik und der Philosophie mit einander zu verschmelzen; denn nur durch diese Vereinigung kann sie ihrem Ziele, der Ergründung der Natur und ihrer Gesetze, näher kommen. Es soll damit nicht gesagt sein, dass diese Bestrebung nicht früher schon sich bei einzelnen Forschern Bahn gebrochen hätte, die dadurch ein glänzendes Licht um sich verbreiteten (man braucht z. B. nur an GÖTHE, LAMARCK, BAER zu erinnern); allein zu allgemeiner Geltung ist das Prinzip noch nicht einmal jetzt gelangt; denn es giebt noch eine ansehnliche Zahl von Naturforschern, die beharrlich die reine Empirik verehren, und die brennenden Fragen des denkenden Fortschrittes kaum dem Namen nach kennen, sie unter den sehr allgemeinen Benennungen des »Materialismus« und »Darwinismus« verabscheuend. Ebenso tauchen auch jetzt von Zeit zu Zeit Naturphilosophen auf, die mit souveräner Nichtachtung der empirisch gewonnenen Thatsachen, ihre Systeme aufbauen, und namentlich die Sympathie der Laien zu gewinnen wissen. Der einzig richtige Weg ist aber, wie gesagt, die innige Verwebung von »Beobachtung und Reflexion«, indem er nicht nur unsere Kenntniss der wandelbaren Natur, durch die Frage nach dem »Was« und »Wie«, sondern auch, durch die Ergründung des »Warum«, unsere Erkenntniss der unwandelbaren Naturgesetze fördert.

Es ist daher unsere Pflicht diesen Weg in jedem speciellen Zweige der Wissenschaft wenigstens zu betreten, wenn auch die richtige Verfolgung bis ans Ende noch nicht überall glücken kann. Das Resultat wird aber um so befriedigender sein müssen, und um so schlagender die Richtigkeit der deducirten Gesetze zeigen, je specieller der gewählte

Zweig ist, und je mehr das beschränkte Gebiet ein Eingehen auf greifbare Thatsachen erlaubt. Vor Allem ist als ein sehr geglücktes Unternehmen in dieser Hinsicht Fritz Müller's Schrift »Für Darwin« zu nennen, welche die Entwickelungsgeschichte der Crustaceen zum Gegenstande ihrer Untersuchungen macht; ferner Brunner's »Orthopterologische Studien« [1], Kiesewetter's »Darwin und die Entomologie« [2], und Moritz Wagner's »Migrationsgesetz der Organismen« [3], die alle drei (das letztgenannte wenigstens zum grössten Theil) aus der Klasse der Insecten ihre Thatsachen wählen.

Auf einem anderen engen Gebiete der Zoologie, einem kleinen Zweige der Ornithologie, den bezeichneten Weg einzuschlagen, soll der Zweck der nachstehenden Abhandlung sein, wenn auch die Erreichung des Zieles noch fern liegt.

Man kann über das Endziel der Zoologie keinen trefflicheren Ausspruch thun als den, mit welchem Baer die Einleitung zu seiner »Entwickelungsgeschichte der Thiere« schliesst:

»Die Palme aber wird der Glückliche erringen, dem es vorbehalten ist, die bildenden Kräfte des thierischen Körpers auf die allgemeinen Kräfte oder Lebensrichtungen des Weltganzen zurückzuführen. Der Baum aus welchem seine Wiege gezimmert werden soll, hat noch nicht gekeimt!«

Welch' richtiger prophetischer Ausspruch! Und welche grossen Fortschritte zu diesem Endziel sind in den 30 seitdem verflossenen Jahren bereits gemacht! Darwin's Selectionstheorie und Haeckel's Kohlenstofftheorie sind ja gerade Errungenschaften in dieser Richtung.

[1] Verhandl. d. Zoolog. Botan. Gesellschaft in Wien, 1861.
[2] Berl. Entomol. Zeitschr. 1867.
[3] »Die Darwin'sche Theorie und das Migrationsgesetz der Organismen.« Leipzig 1868.

Dresden d. 5. August 1868.

Georg Seidlitz.

Ueber die Bildung der Vogeleier liegen gegenwärtig so viele vortreffliche Untersuchungen vor, auch ist von mehreren Ornithologen, namentlich von GLOGER, seit lange so schätzbares Material zur Erklärung der Thatsachen aufgehäuft, dass man es wohl unternehmen kann, das Bekannte zusammenzufassen und auf allgemeine Gesetze zurückzuführen. Dieser Versuch wird in zwei Theile zerfallen müssen: der erste hat die **Eigenthümlichkeiten der Vogeleier** zu behandeln, sowohl in histologischer als in genetischer Beziehung, der zweite die Frage nach den **Ursachen dieser Eigenthümlichkeiten** zu beantworten, und zu zeigen, dass sich hierbei dieselben Gesetze bestätigen, die für die Organismen überhaupt gelten.

I.

Die **Histologie** und die **Entwickelungsgeschichte** der Vogeleier sind in den letztverflossenen Jahren mehrfach untersucht worden, und zwar mit sehr verschiedenen Resultaten, deren Vergleich mit den älteren Forschungen das Feststehende von dem Zweifelhaften oder Falschen zu sondern erlaubt.

Wir schicken die betreffende Literatur voraus, da sie noch nirgends zusammengestellt wurde. Selbstverständlich haben die Werke der vergangenen Jahrhunderte mehr historisches Interesse.

1) Anatomie und Physiologie des Vogeleies.

Aristoteles Historia Animalium lib. VI.
—— De Generatione lib. III.
Volcher Coiter De ovorum gallinaceorum generationis primo exordio etc., in seiner Schrift: Externar. et internar. principal. humani corp. part tabulae. Nürnberg 1573

Ulysses Aldovrand Ornithologia lib. 14. Bononiae 1600
Fabricius ab Aquapendente De formatione ovi et pulli; in seinen Opusculis.
    Patavii 1625
Andreas Libavius Dissertatio de ovo gallinarum et pulli ex eo generatione. Co-
    burgi 1610
Aemilius Parisanus Nobilium Exercitationum lib. 12. Venet 1623
Mart. Schook Dissertatio de ovo et pulli formatione. Utrecht 1643
Guil. Harvey Exercitationes de Generatione Animalium. Lond 1651
Guath. Needham Disquisitio anatomica de formato foetu. Lond 1667
Theodorus Aldes (Pseudonym für Math. Slade) Observationes in ovis institutae.
    Amsterd 1668
Nicol. Steno Observationes in ovo et pullo. Bartolini Acta Hafniens. Vol. II.
    Obs. 38 p. 81 1673
Marcelli Malpighii Dissertatio epistolica de formatione pulli in ovo. Lond. . . 1673
Mayow Tractatus de respiratione foetus in utero et ovo; in seiner Schrift: Trac-
    tatus 5 medico-physici. Bononiae 1674
J. G. Berger De ovo et pullo. Wittb 1688
Garmann Oologia curiosa. Cygneae 1691
L. Bellinius Digressio de ovo, ovi aëre et respiratione; in seiner Schrift: Opus-
    cula aliquot ad Archibaldum Pitcarnium. Pistorii 1695
    (Die Widerlegung des Bellinischen Problemes findet sich in den Com-
    mentar. Bononienses Vol. II.)
Ant. Maitre-Jean Observations sur la formation du poulet. Paris . . 1722
Casp. Friedr. Wolff Theoria generationis. Halae 1759
—— De formatione intestinor. etc. embryonis gallinacei. Nov. Commentar.
    Acad. Petropolitan. T. XII p. 403 1768
Vicq. d'Azyr Fragments sur l'Anatomie et la Physiologie de l'oeuf. Voca-
    bulaire Anatomique . . . . 1793 (?)
Rossi Memor. de Turino VI p. 266 1801
—— Experiences sur la generation des animaux ovipares et sur-tout des poules.
    — Memor. de Turino XI p. 253
Léveillé Dissertation physiologique sur la nutrition du Foetus consid. dans les
    Mammif. et dans les Oiseaux. Paris . . . . 1807 (?)
Blumenbach Vergleichende Anatomie Abschn. 27 p. 509. Göttingen 1805
Comes ab Tredern Dissertatio sistens Ovi avium historiae et incubationis pro-
    dromum. Jenae 1808
Tiedemann Zoologie Bd. III. — Oder Anatomie und Naturgeschichte
    der Vögel Bd. II. Heidelberg 1814
Pander Historia metamorphoseos, quam ovum incubat. prioribus 5. diebus su-
    bit. Diss. inaug. Wirceburgi 1817
—— Beitrage z. Entwick.-Gesch. d. Hühnch. im Ei. Würzburg . 1817
Dutrochet Memoires d. 1. Soc. med. d'emulation T. VIII p. 1. 1817
    Meckels Arch. f. Physiologie V p. 535
—— Journal de Physique T. 88 p. 170. . . . . 1818 (?)
    Meck. Arch. f. Physiologie VI p. 379.
Oruithuisen Beitrage zur Physiologie. (Von *Baer* citirt). ?
Carus Urtheile des Schalen- u. Knochengerüstes. Lips. . 1828

Purkinje Symbolae ad ovi avium histor. ante incubationem. Vratislav. . . 1825
Berthold Ueber die Entwickelung u. Bedeutung der Chalazen. — In der 7. Versammlung d. Naturforscher u. Aerzte 1828. — *Okens* Isis p. 404 . . . 1829
—— Ueber die Bildung u. Regeneration der Eischalenhaut. — In der 8. Versammlung d. Naturf. u. Aerzte 1829. — *Okens* Isis p. 573 1830
Rud. Wagner Prodromus historiae generationis hominis atque animalium. Lipsiae 1836
Carl Ernst von Baer Ueber Entwickelungsgeschichte der Thiere T. II. Königsberg 1837
Schwann Mikroskopische Untersuchungen etc. Berlin 1839
Rud. Wagner Lehrbuch der Physiologie. Leipzig 1839
Barry Philosoph. Transact. T. II p. 311 1838
Steiner Abhdl. d. K. Sächs. Ges. d. Wiss. zu Leipzig 1849
Reichert Das Entwickelungsleben im Wirbelthierreich . . . 1840
—— Müllers Archiv 41 u. 46 . . . . 1841 u. 46
—— Beiträge zur Kenntniss des Zustandes der heutigen Entwickelungsgeschichte 1843
Ecker Jcones physiologicae . . . . 1851—59
Carus Erläuterungstafeln Heft III 1831
Thienemann Fortpflanzung der gesammten Vögel 1846
—— Rhea, Zeitschrift f. Ornithol. p. 46 1846
Harting Over the vorming van kunstmatik bindweefsel. (Von *Blasius* citirt) ?
Coste Histoire generale et particul. du développement des corps organisés. Paris. T. I 1847
Baudrimont et *Martin St. Ange* Annales de chimie et de physique. Ser. III T. XXI 1847
Dickie Annales of natural history II. Ser. Vol. II p. 169 . . . 1848
Wittich Müllers Archiv 49 p. 119 1849
Remak Untersuch. über die Entwickelung der Wirbelthiere. Berlin . . . 1850
Lereboullet Recherches sur l'anatom. des org. genitaux des animaux vertebrés. — Leop. Carol. Akad. der Naturforscher Bd. XV 1851
Meckel von Hembsbach Die Bildung der für partielle Furchung bestimmten Eier der Vögel, im Vergleich etc. — Zeitschr. f. wiss. Zool. v. *Siebold* u. *Kölliker* Bd. III p. 420 1852
Wittich Ueber Pilzbildung im Hühnerei. — Zeitschr. f. wiss. Zool. v. *Siebold* u. *Kölliker* Bd. III p. 213 1851
Harless Zusätze zu Dr. v. Wittich's Beobachtung. — Ebd. p. 308 . . . 1851
Melsens Communication sur quelques propriétés de l'albumine. — Bulletins de l'Acad. Royale de Belgique T. XVIII 1re Part. p. 600 1851
—— Note sur les matières albuminoides. — ibid. 2e Part. p. 17 . . 1851
Gluge (Note remise à M. Melsens). — ibid. p. 36—40 1851
J. Samter Nonnulla de evolutione ovi avium, donec in oviductum ingrediatur. Halae 1853
R. Leuckart Art. »Zeugung«. — Handwörterbuch d. Physiologie hersgb. v. R. Wagner Bd. IV p. 707 1854
Kölliker Microscop. Anatom. Bd. II Abth. II 1854
Leydig Lehrbuch der Histologie 1857

Hoyer Müllers Archiv 57 p. 52 1857
Wicke Naumannia, Archiv f. d. Ornithol. 58 p. 393 1858
Kölliker Entwickelungsgeschichte des Menschen u. der höh. Thiere 1861
Gegenbaur Ueber d. Bau u. d. Entwickelung der Wirbelth. — Eier mit particller Dottertheilung. — Archiv f. Anatomie u. Physiol. herausgb. v. Reichert u. Du Bois-Raymond. Jahrg. 1861 p. 491 1861
Nasse Schleimhaut der inneren weibl. Geschlechtsth. im Wirbelthierreich. Inaug. Diss. — Marburg 1862
Klebs Virchows Archiv 63 1863
F. J. C. Mayer Ueber d. Ei d. Vögel u. d. Reptilien. — Leop. Carol. Akad. d. Naturforscher. — 1865
Herm. Landois Die Eierschalen der Vögel in histologischer u. genetischer Beziehung. — Zeitschr. f. wiss. Zool. v. Siebold u Kölliker Bd. XV p. 1 . 1865
R. Blasius Ueber d. Bildung, Structur u. systemat. Bedeutung der Eischale der Vögel. — Ebend. Bd. XVII p. 480 1867
W. v. Nathusius Ueber d. Hüllen, welche den Dotter des Vogeleies umgeben. — Ebend. Bd. XVIII p. 225 1868
Wilhelm His Untersuchungen über die erste Anlage des Wirbelthierleibes. Die erste Entwickelung des Hühnchens im Ei. Im Juli 1868

2) Chemie der Vogeleier.

Fourcroy Syst. de Connaiss. chim. T. 10 p. 310.
Hatschett Philosoph. Transact. for the Year 1799.
Trommsdorf Handb. d. ges. Chemie III.
Thomson Syst. d. Chimie (trad. de l'anglais p. Riffault) T. IX 1809.
Vauquelin Analyse des Coquilles d'Oeuf. — Annales du Mus. d'hist. nat. Par. 1811
——— ibid. T. 18 p. 168.
——— Experiences sur les excrem. des poules — et reflex. sur la formation de la couquille de l'oeuf. — Annales de Chimie T. 29 Nr. 85 p. 3. — Uebers. in Scherers Journ. d. Chemie Bd. 3 p. 199.
Hehl Observata quaed. physiolog. de natura et usu aëris ovis avium inclusi. Tübing. 1796.
Poerner Experimenta de albuminis ovorum et seri sanguinis convenientia. Lips. 1754
Parmentier Journal de Physique T. 38 p. 428.
Bostock Nicholson's Journal T. 11 u. 14.
Prout Philos. Transact. 1822. — Schweiggers Neues Journ. Bd. VIII.
Berzelius Thierchemie IX.
Lehmann Organ. Chemie T. II u. III.
Gobley Journ. d. Phys. et d. Chimie III. Ser. T. XI.
Prévost et *Morin* Journ. d. Pharmacie et Chimie. 1846.
Barreswill Edinb. med. and chirurg. Journ. 1851 p. 372.
Poleck Poggendorfs Annalen 1854 p. 155.
Rose ebend. p. 398.
Wicke Naumannia, Archiv f. d. Ornithologie 1858 p 393.
Staedeler Moleschott's Untersuchungen Bd. X.

Die erste Anlage des Eies zeigt sich schon beim Jungen durch Auftreten kleiner Bläschen im Eierstock, worüber schon von WOLFF Beobachtungen vorliegen. Es sind dieses die Follikel, von denen jeder ein »Primordialei« enthält¹). Die Bläschen vergrössern sich zur Paarungszeit, bekommen einen gelblichen Inhalt, und entwickeln sich noch im Eierstock zu vollständigen Dotterkugeln von der Grösse, die sie im gelegten Ei haben. Dass sie diese Grösse noch überschreiten, wie nach der einen von NATHUSIUS (l. c. p. 229) mitgetheilten Messung scheinen könnte, ist durchaus nicht anzunehmen und bedarf noch weiterer Bestätigung. PURKINJE, BAER und besonders LEUCKART beschrieben den Vorgang genauer, und endlich veröffentlichte GEGENBAUR eine ganz specielle Darstellung desselben, auf die wir bei den einzelnen Dottertheilen zurückkommen. Das Wachsthum der Dotterkugel geht innerhalb einer besonderen »Kapsel« (Theca BAER, Tunica fibrosa KÖLLIKER)²) vor sich, und zwar wird ihm der ernährende Stoff durch die innere gefässreiche Schicht der Theca zugeführt. Ist die Dotterkugel (Globus vitellarius) reif, aber noch am Eierstock hängend, so besteht sie aus folgenden Theilen: 1) dem weissen Dotter, 2) dem gelben Dotter, 3) der Dotterhaut, 4) der Keimschicht. Nach der erfolgten Befruchtung bildet sich noch, während der Wanderung durch den Eileiter, 5) der Keim.

1. Der weisse Dotter, (theilweise auch den »Bildungsdotter« REICHERT abgebend)³) entsteht zuerst und vergrössert sich durch Neu-

---

1) Nach HIS besteht schon im unreifen Follikel das Primordialei aus dem »Hauptdotter« (Archilecith HIS) und dem Keimbläschen.

2) Die Kapsel besteht aus einer inneren gefässreichen Schicht, die ihre sammtartige Oberfläche (nach GEGENBAUR ein Cylinderepithel, das später flacher wird und endlich durch Fettmetamorphose zerfällt) der Dotterhaut zuwendet, — und einer äusseren von Zellgewebe gebildeten. Dicht unter dem Cylinderepithel unterscheidet GEGENBAUR eine besondere Membran, die er »Gränzmembran« nennt; sie hat z. B. beim Huhn elastische Eigenschaften und befördert möglicher Weise durch ihre Contraction die Ausstossung der Dotterkugel. An der vom Eierstock abgewandten Seite hat die Theca einen weissen Streifen, der sich durch Mangel der Blutgefässe auszeichnet; an dieser Stelle, der »Narbe« (Stigma), reisst die Theca beim Austritt des Dotters auf, ist aber an ihren Rändern mit dem umgebenden Stroma des Follikels verwachsen, mit dem sie jetzt als Kelch (Calyx) verbunden zurück bleibt.

3) Vergl. GEGENBAUR l. c. p. 506. Nach MECKEL (l. c. p. 426) hätten PREVOST

bildung seiner Substanz am Keimbläschen. Es bilden sich nämlich hier in dem anfangs klaren Protoplasma, das den jungen Eifollikel erfüllt, Körnchen, die zu Bläschen auswachsen, in denen wiederum Körnchen auftreten. An der äussersten Grenze des so entstandenen weissen Dotters findet darauf eine Umwandlung in gelbe Dottermasse dadurch statt, dass die Körnchen in den Bläschen sich bedeutend vermehren und hellere Contouren bekommen. So geht das Wachsthum von innen heraus, ganz ohne Betheiligung des Follikelepithels [1]), vor sich, und zwar nicht rings um, sondern blos von der einen Seite des Keimbläschens, so dass dieses bald eine excentrische Lage bekommt und im fertigen Ei von der Hauptmasse des weissen Dotters dermassen abgeschnürt ist, dass dieser eine flaschenförmige Gestalt annimmt, wobei die Hauptmasse, »Centralhöhle« oder »Dotterhöhle« (Latebra PURKINJE) genannt, ziemlich das Centrum der ganzen Dotterkugel einnimmt, während der kanalförmige Ausläufer, der »Hohlgang« BAER, bis zur Peripherie derselben reicht, wo er, sich scheibenförmig erweiternd, die »Keimschicht« (4) bildet, in deren Mitte das Keimbläschen eine Zeit lang persistirt. Um die Centralhöhle liegen noch einige concen-

und LEBERT zuerst die Unterscheidung in »Nahrungs-« und »Bildungsdotter« angewandt.

1) Ganz anders ist der Vorgang nach der Darstellung, die HIS von ihm giebt. Nach ihm wird durch den Reiz des Primordialeies auf das Stroma des Follikels eine Neubildung angeregt, durch welche aus den »Kornzellen« des Stroma die Granulosa hervorgeht, von der sich dann fort und fort Zellen ablösen, die, nach theilweiser oder vollständiger Umwandlung in weisse Dotterzellen, in den »Hauptdotter« (Archilecith) des Primordialeies von aussen einwandern oder eingedrückt werden, bis sie, denselben sprengend und ganz zurückdrängend, als »Nebendotter« (Paralecith HIS) die Hauptmasse des Eies bilden, während der Hauptdotter nur als flache körnige Masse um das Keimbläschen persistirt. Aus den weissen Dotterzellen entwickeln sich die gelben, worin HIS mit den früheren Schriftstellern übereinstimmt. Die ganze Bildung des Nebendotters vergleicht HIS, der rapiden Entwickelung wegen, mit der Eiterbildung. — Die Auffassung des ganzen Dotters als Homologon des Säugethiereies, die seit GEGENBAUR's Untersuchung fest begründet ist, wird indessen durch HIS's abweichende Darstellung des Vorganges eher bestätigt als widerlegt, obgleich er ihr pag. 24 entgegentritt; denn nach der pag. 37 gegebenen Vergleichung unterscheidet sich der ganze Dotter des Vogeleies nur durch relativ stärkere Entwickelung des Nebendotters von dem Säugethierei (bei welchem letzterer ebenfalls als sehr dünne Schicht vorhanden ist), und muss somit unbedingt als demselben entsprechend angesehen werden.

trische dünne Schichten heller Dottermasse, die später beim Bebrüten deutlicher hervortreten und Halones genannt werden. Die Centralhöhle mit ihrem Hohlgang ist die Ursache, dass der Hahnentritt sich immer nach oben wendet; denn da die weisse Dottermasse specifisch leichter ist als die gelbe, so muss der dem Hohlgang und somit der Cicatricula entgegengesetzte Theil nach unten sinken.

2. Der gelbe Dotter (Vitellus), »Ernährungsdotter« REICHERT, entsteht durch Umwandlung der peripherischen Schichten des weissen Dotters, und ist vorherrschend aus dichtgekörnten Bläschen, die sich in polyedrischen Formen an einander pressen, zusammengesetzt; an der Grenze des weissen Dotters finden sich aber ausserdem alle Uebergangsformen, und hat sie schon BAER beschrieben. Nach ihm hat nämlich der gelbe Dotter folgende Bestandtheile: 1) ungeformtes Eiweiss, 2) ganz kleine punktförmige Körnchen, 3) grössere hellere Massen, 4) ebensolche mit einem Körnchen in der Mitte, 5) ziemlich grosse, runde Dotterkügelchen von 0,005 — 0,0125 Lin. Länge, aus kleinen Körnchen bestehend, 6) helle Oeltröpfchen. Zum Theil hat schon GRUITHUISEN diese Bestandtheile abgebildet. In chemischer Beziehung[1]) enthält der Dotter weniger Wasser, mehr Eiweissstoff als das Eiweiss, aber keinen Speichelstoff, dagegen eine ansehnliche Menge Oel oder flüssiges Fett.

Nach BOSTOCK[2]) ist das Verhältniss beim Hühnerei nämlich folgendes:

	Wasser	Eiweissstoff	Speichelstoff	Schwefelsaure u. salzsaure Salze	Oel oder flüssiges Fett
Eiweiss	85%	12%	2,7%	0,3%	—
Dotter	51%	17%	—	?	29%

Die schwefelsauren und salzsauren Salze fehlen dem Dotter indess nicht, obgleich BOSTOCK ihre Menge nicht angiebt; PROUT giebt folgende Analysen[3]):

---

[1]) Die Resultate der chemischen Untersuchungen, deren Literatur z. Th. Eingangs aufgeführt ist, sind übrigens sehr abweichende und noch keineswegs als feststehend zu betrachten. Vergl. hierüber LEUCKART l. c. p. 779 u. p. 952.
[2]) Von BAER mitgetheilt l. c. p. 13 u. 20.
[3]) Ebenso p. 13 u. 21.

	Schwefelsäure	Phosphorsäure	Chlor	Kali u. Natron z. Th. kohlensauer	Kalk u. Talkerde z. Th. kohlensauer	Eisen
Eiweiss	0,015%	0,015%	0,087%	0,272%	0,025%	
Dotter	0,006%	0,350%	0,028%	0,027%	0,061%	Eine Spur

NB. In beiden ist vor dem Verbrennen ein Theil des Schwefels und Phosphors in freiem Zustande da.

Nach GOBLEY (Journ. de Phys. et de Chimie III Ser. T. XI p. 109) sind die Bestandtheile des Dotters vom Hühnerei:

Wasser	51,48
Vitellin (Paravitellin)	15,76
Olein und Margarin	21,30
Cholestearin	0,43
Lecithin (Oleinsäure, Margarinsäure, Phosphoglycerinsäure)	8,42
Cerebrin	0,30
Salmiak	0,03
Chlornatrium, Chlorkalium, schwefelsaur. u. phosphors. Kali	0,27
Erdphosphate	1,02
Fleischextract	0,10
Farbstoff[1]), Eisen u. s. w.	0,53

3. Die Dotterhaut (Cuticula vitelli) ist ein strukturloses, durchsichtiges, dünnes Häutchen[2]), das ringsum geschlossen und über der Cicatricula etwas stärker gewölbt ist. Nach LEUCKART (l. c. p. 788) lässt sie sich bei den Eiern grosser Vögel durch künstliche Behandlung in mehrere Schichten trennen, und beim Huhne besteht sie nach GEGENBAUR (1. c. p. 516) aus zwei ziemlich fest verbundenen Lamellen[3]). Sie bildet sich noch vor der Differenzirung des gelben Dotters, besteht zuerst aus einer dicken Schicht kleiner Kügelchen und sondert sich erst allmählig in eine structurlose Membran und eine Lage weisslicher

---

1) Nach STAEDELER l. c. p. 154 ist der Farbstoff des Dotters Haematoidin.
2) NATHUSIUS fand die Dicke derselben beim Eierstocksei eines Huhnes 0,035 mm.; im gelegten Ei soll sie nach ihm ganz fehlen, vergl. hierüber die Note auf pag. 12.
3) Dagegen ist WOLFF's zweites ,inneres' Blatt derselben auf die Keimhaut, und DUTROCHET's erste Oberhaut auf die Membrana chalazifera zu beziehen. (Vgl. DUTROCHET, in MECKEL's Archiv für Physiol Bd. VI p. 383 Note).

Dotterkügelchen [1], die anfangs noch fest an ersterer haften [2]. Die Dotterhaut entsteht, wie GEGENBAUR gezeigt hat, aus der äussersten Schicht des Dotterprotoplasmas, ohne jede Mitwirkung des Follikelepithels.

4. An der flachen Seite des nicht ganz kugelförmigen Dotters sieht man einen weissen rundlichen Fleck, der, wie schon erwähnt, immer nach oben gerichtet ist, wenn das Ei auf einer Seite liegt. Dieser ziemlich scharf contourirte Fleck besteht beim befruchteten Ei aus 2 differenzirten Theilen der Keimschicht und dem darauf liegenden Keim. Die Keimschicht (Stratum proligerum BAER) oder der Kern des Hahnentritts (Nucleus blastodermatis PANDER) ist eine unregelmässige Masse von weisslichen Kügelchen, die oben scheibenförmig ausgebreitet (Discus proligerus BAER) nach unten zapfenförmig in den Dotter ragt (Cumulus proligerus BAER), um sich mit dem »Hohlgang« zu verbinden, weshalb man sie mit zum weissen Dotter rechnen kann. In der Mitte des Stratum proligerum ist ein ganz kleines Bläschen mit heller Flüssigkeit zu sehen, das Keimbläschen (Vesicula Purkinjei sive prolifera), das während des Wachsthums der Dotterkugel eine grosse Rolle spielt, gegen die Reife desselben aber zurücktritt und zuletzt ganz schwindet. Von der Befruchtung ist übrigens das Schwinden des Keimbläschens nicht abhängig; denn es fehlt, wie BAER gezeigt hat, auch bei unbefruchteten Eiern, den sogenannten Windeiern, die z. B. von Hühnern [3] nicht selten gelegt werden. Für gewöhnlich erfolgt nämlich bei den Vögeln die Reife und Ablösung der Eier vom Eierstock nicht, wie bei den Säugethieren, ohne vorhergegangene Begattung; doch scheint die Befruchtung durchs männliche Sperma dabei ganz unwesentlich, und vielmehr die Erregung durch das oft sehr lange dauernde Treten des Männchens, oder eine entsprechende Reizung, das Hauptmoment zu sein. In der That legen Tauben-Weibchen die sich gegenseitig treten, reichliche Windeier; auch Hühner

---

[1] His rechnet diese Lage mit zum weissen Dotter als »weisse Dotterrinde«.
[2] Daher das körnige Aussehen beim Huhn BAER p. 26, LEUCKART p. 788.
[3] Man kennt auch Fälle von Fasanen, Truthühnern, Tauben, Enten, Gänsen, Kanarienvögeln, Papageien, Straussen, Casuaren u. a. m. Vergl. TIEDEMANN III p. 112.

kann man durch Reiben des Rückens dazu bringen und an einer Amsel und anderen Vögeln hat Harvey dieselbe Erfahrung gemacht. (De Generatione p. 18, von Tiedemann mitgetheilt Bd. III p. 113.) Bei der durch geschlechtliche Aufregung hervorgerufenen Ablösung des Dotters aus dem Kelche, bewirken ohne Zweifel die von Rouget (Journ. d. l. physiologie par Brown-Séquard T. I p. 481) und Aeby (Archiv f. Anatomie etc. von Reichert u. Dubois-Raymond 1861 p. 640) in den Eifollikeln nachgewiesenen glatten Muskelfasern, durch Reflexbewegung, eine Contraction des Follikels und dadurch das Aufreissen der Narbe. In den Fällen wo das Ei sich ohne Befruchtung löst und gelegt wird, ist es natürlich nicht entwickelungsfähig und es bildet sich auch kein Keim.

5. Nach erfolgter Befruchtung aber differenzirt sich, während des Aufenthalts im Eileiter, auf dem Discus proligerus eine runde Scheibe von $1\,{}^1/_1 - 2$ Lin. Durchmesser, die aus kleinen weissen nur schwach zusammenhängenden Körnchen besteht, den Producten des partiellen Furchungsprocesses[1]). Diese Scheibe, der »Keim« (Blastos Baer), auch »Keimscheibe« (Blastoderma Pander sive Membrana germinativa) genannt, liegt unmittelbar unter der Dotterhaut und lässt sich von ihr leicht abheben, nur in seltenen Fällen haftet sie schon im frischen Ei mit ihrer Peripherie an derselben, was der Regel nach erst einige Stunden nach Beginn der Bebrütung eintritt. Dem Discus proligerus klebt sie stets mit ihrer Peripherie an, steht jedoch in der Mitte von ihm ab. In diesem Abstand, (Keimhöhle His) befindet sich etwas klare Flüssigkeit, wodurch das Centrum der Keimscheibe durchscheinender ist (Area pellucida Wolff, Fruchthof Pander) als der Rand (Area opaca Wolff)[2]). Das ganze Gebilde der Keimschicht und des darauflie-

---

[1]) Genaueres über die Vorgänge des partiellen Furchungsprocesses lieferten Kölliker (Entwickelungsgeschichte der Cephalopoden) und Coste (Comptes rend. 1850 Nr. 21 p. 659). Vergl. auch Prévost und Dumas, Reichert, Bergmann, Leydig (Isis 48 pag. 161).

[2]) Leuckart unterscheidet (l. c. p. 789) im Centrum des Discus proligerus eine zähe eiweissartige Substanz, die er den »Dotterhof« (zona vitellina) nennt. Coste und Meckel sollen diesen Theil zuerst erkannt haben als »cumulus« Coste. Die zona vitellina Leuckart scheint also identisch zu sein mit der Keimhöhle, und der

genden Keimes zusammen heisst der »Hahnentritt« (Cicatricula), oder die »Narbe« (welche Benennung indess besser ausschliesslich für die Narbe der Theca gebraucht wird).

Verfolgen wir jetzt den mit Hinterlassung des »Kelches« von dem Eierstock abgelösten Dotter auf seinem Wege zur Aussenwelt, so sehen wir ihn vom freien trichterförmigen Ende des Eileiters [1], vom Infundibulum, das sich dicht an den betreffenden Follikel anlegt, aufgenommen (vielleicht geradezu »aufgesaugt«, wie es BAER vom Eileiter des Frosches beobachtet hat), und durch peristaltische Bewegungen in schraubenförmiger Drehung fortgeschoben.

Das durch zahlreiche Drüsen des Eileiters abgesonderte Eiweiss legt sich jetzt um den durchgleitenden Dotter (indem es durch den Druck desselben reichlicher ergossen wird), und zwar in vielen concentrischen Schichten, weil der Dotter um seine Längsachse gedreht wird. Im mittleren Theil des Eileiters angelangt, ist bereits das ganze Eiweiss um den Dotter abgelagert. Anfangs ist es von gleicher Consistenz und man kann, so lange es im Eileiter ist, keine Differenzirung der Schichten wahrnehmen [2]. Erst im Eihalter, während der Bildung der Schale, beginnt die Sonderung und im gelegten Ei kann man folgende Abtheilungen des Eiweisses unterscheiden. Das innerste oder dritte Eiweiss (Albumen internum sive tertium BAER), welches mit einer dünnen Schicht die Mitte des Dotters umgebend, in kegelförmiger Gestalt zu jedem Ende des Eies zieht, ist viel dichter und zäher als

---

»cumulus« COSTE dürfte somit auf das schon von MALPIGHI unterschiedene »Colliquamentum« zurückzuführen sein.

[1] Wir nennen die verschiedenen Abschnitte des ganzen Eileiters: 1) Der Trichter (Infundibulum). 2) Der Eileiter im engeren Sinne (Oviductus), mit oberem, mittlerem und unterem Theil (Isthmus). 3) Der Eihälter (Uterus). 4) Der Eiergang (Vagina), der in die Kloake mündet. Genaue Beschreibungen des Eileiters in anatomischer und histologischer Hinsicht lieferten TIEDEMANN, SPANGENBERG, CUVIER (Anatomie comp. T. 8), COSTE, LEREBOULET, LEUCKART, MECKEL, LEYDIG (Lehrbuch d. Histol.), NASSE, LANDOIS, BLASIUS jun.

[2] Vergl. BAER p. 30, wo ein Ei vor Bildung der Schalenhaut beschrieben ist. Wenn daher auch das Eiweiss der verschiedenen Abschnitte des Eileiters verschiedene Eigenschaften, resp. Zusammensetzung, haben mag, so können wir doch eine ursprünglich verschiedene Consistenz desselben nicht annehmen, wie LEUCKART p. 892 thut.

die folgenden Schichten. Purkinje hat einen Dotter im ersten Theil des Eileiters beobachtet, der nur von diesem dritten Eiweiss umgeben war, das sich auch schon nach vorn und hinten spindelförmig ausgezogen zeigte, aber noch keine Chalazen einschloss. Im gelegten Ei nämlich schliessen diese Ausläufer des dritten Eiweisses in ihren Achsen einen Knäuel zusammengedrehter Membran ein, die wahrscheinlich nichts anderes ist, als die innere Gerinnungsfläche des dritten Eiweisses. Dieselbe überzieht auch den ganzen Dotter und hängt der Dotterhaut ganz fest an, bis auf einen sehr kleinen frei bleibenden Raum (am vorderen und hinteren Ende der Dotterkugel), der nur selten eine grössere Ausdehnung hat und dann die Basis der Chalazen trichterförmig erscheinen lässt (»Trichter« der Chalazen). Zuweilen ist die Haut sowohl an den Trichtern, als auch stellenweise auf dem Dotter milchweiss und stellt in letzterem Falle oft eine Binde dar, den Gürtel des Dotters (Zona). Diese »Haut der Hagelschnüre« (Membrana chalazifera) ist von fasriger Struktur, ähnlich wie die Schalenhaut, nur viel dünner [1]). Ihre Verdrehung an beiden freien Enden zur Bildung der »Hagelschnüre« oder »Hagel« Chalazae) ist von Baer p. 11 —18 vortrefflich geschildert und unterliegt wohl kaum einem Zweifel [2]). Die Chalazen sind übrigens in dem Eileiter noch nicht als Haut

---

[1] Ihre Dicke wird von Nathusius (loc. c. p. 252) beim Hühnerei, zusammen mit der Dotterhaut auf 0,075—0,068 mm. angegeben. Nathusius beschreibt ihre histologische Zusammensetzung sehr genau, nennt sie aber »Faserhaut des Dotters«, indem es ihm entgangen ist, dass es die Membrana chalazifera der älteren Autoren war. Aus diesem Grunde hat man sie allerdings »niemals ausdrücklich für die Zona pellucida erklärt« (l. c. p. 251), aber ebenso wenig sie stillschweigend dafür gehalten. Die eigentliche Dotterhaut fehlt übrigens keineswegs im gelegten Ei, wie p. 231 und 264 behauptet wird, sondern wird von Nathusius selbst (p. 254) als feines homogenes Häutchen von 0,015 mm. Dicke, das die »Faserschicht« gegen den Dotter begrenzt, beschrieben. Sie ist somit nicht geschwunden, sondern um die Hälfte dünner geworden, als wie sie im Eierstocksei war, und von der Membrana chalazifera eingehüllt.

[2] Die Verdrehung der Chalazen ist eine so feste und zugleich verklebte, dass eine Aufrollung der Haut nicht gelingt, viel weniger aber noch können sie sich durch eigene Elasticität losrollen und dabei die ganze Schale mitdrehen. Das von Landois (p. 27) mitgetheilte Experiment kann um so weniger diese selbstthätige Losrollung beweisen als die Chalazen nirgends an der Schale haften. Wohl aber haftet das mittlere Eiweiss an derselben, und die beobachtete Bewegung kann daher

differenzirt, sondern bilden sich erst während des Verweilens im Eihälter durch Gerinnung der inneren Fläche des dritten Albumens; oft sogar werden sie noch viel später sichtbar¹).

Auf das innerste Eiweiss folgt das weniger zähe aber immer noch dickflüssige **mittlere Eiweiss** (Albumen medium Baer), das am spitzen Ende der Schale so fest anhaftet, dass es sich beim Herausgiessen lang auszieht und auf diese Art das sog. **Ligamentum albuminis** darstellt. Nach aussen ist es von einer dünnen Schicht dünnflüssigen Eiweisses umgeben, das direkt an die Schalenhaut grenzt und **äusseres Eiweiss** (Albumen externum Baer) heisst.

Um das mittlere Eiweiss ist auch eine besondere Haut beschrieben worden (Membrana Albuminis), die aber nur zum Vorschein kommt, wenn man das Eiweiss ins Wasser legt, und sich auch immer wieder von Neuem bildet, so oft man sie entfernt, wie schon Purkinje gezeigt hat²). Sie ist daher nicht als ein integrirender Theil des Eies zu betrachten.

Nach der Untersuchung von Nathusius (p. 257—260) ist die Unterscheidung noch zahlreicherer **gesonderter** Schichten im frischen

---

viel eher einer Losrollung des Ligamentum albuminis zugeschrieben werden, welche bei stehen bleibendem Dotter (die Cicatricula bleibt immer oben) die Schale im Wasser allerdings drehen könnte.

1) So beobachteten es Purkinje und Baer, und wir glauben es unbedingt annehmen zu müssen, obgleich Tiedemann (p. 104, angiebt beobachtet zu haben, dass die Chalazen zuerst aus der Dotterhaut herauswachsen und um dieselben sich erst das innere Eiweiss legt. Da er übrigens nicht mehrere Eiweisse unterscheidet, so hat er vielleicht das innerste Eiweiss für die fertigen Chalazen gehalten. Dutrochet freilich sagt ganz deutlich (nach Meckel's Archiv VI p. 381): »Die Membrana chalazifera, durch die Reizung des Eies auf die innere Fläche des Eiganges gebildet, heftet sich an das Ei, welches sie vorn und hinten überragt, und bildet dadurch die Verlängerungen, welche den Namen Chalazae führen.«

2) Ueberhaupt zeigen sich bei Berührung mit Wasser überall **Gerinnungsflächen**, die im frischen Zustande **nicht** als **Membranen** differenzirt waren, wenn sie auch als **Begrenzungsflächen** die einzelnen Schichten des Eiweisses von einander trennten. Man kann daher alle blos im Wasser zum Vorschein kommenden Häute des Eiweisses für Kunstproducte erklären. Wenn daher Nathusius mit so grosser Bestimmtheit die Existenz **zahlreicher Membranen** zwischen den Eiweissschichten als »bekannt« bezeichnet (p. 258,), so dürfte diese Behauptung so lange auf nicht ganz sicherem Boden ruhen, als es ihm nicht gelingt dieselbe ohne Wasser darzustellen.

Zustande des Eiweisses gerechtfertigt, wenn sich dieselben auch blos durch Gerinnung darstellen lassen. Darnach ist das mittlere Eiweiss abwechselnd aus concentrirteren und flüssigeren Schichten zusammengesetzt, und besitzt namentlich dicht am dritten Eiweiss eine ziemlich mächtige, dünnflüssige, nach aussen dagegen eine noch mächtigere concentrirte Lage, an die sich dann direkt das äusserste, wiederum flüssigere, Eiweiss anschliesst[1]). Das ganze Eiweiss ist im mittleren Theil des Eileiters bereits vollständig ausgebildet, doch sind, wie erwähnt, die Schichten noch von gleicher Consistenz und nicht von einander gesondert, auch fehlt die umschliessende Membran dem Ganzen, so dass das Eiweiss noch ebenso fest am Eileiter haftet als an sich selbst und am Dotter[2]).

Erst im unteren Theil des Eileiters[3]), dem Isthmus, bildet sich die Schalenhaut (Membrana testae) oder »Faserhaut« LANDOIS,

[1] Nach der microscopischen Untersuchung blos der geronnenen Schichten kann übrigens über die concentrirtere oder wässrigere Beschaffenheit derselben im frischen Zustande nur zu leicht ein Irrthum sich einschleichen. Im Ganzen stimmt jedoch die Darstellung von NATHUSIUS ganz gut mit der macroscopischen von BAER, die auch z. B. LEUCKART vertritt, überein, und man kann daher nicht sagen, dass letztere, (von NATHUSIUS übrigens nicht einmal erwähnte) durch erstere widerlegt sei, wie pag. 263 durch die Worte: »Es ist unrichtig, dass die centralen Schichten des Eiweisses die dichteren und die peripherischen die flüssigeren sind,« — angedeutet ist; denn das mittlere Eiweiss als Ganzes betrachtet, ist immer consistenter als das äussere, wenn auch seine innerste Lage vielleicht flüssiger ist.

Als innerstes Eiweiss deute ich an den Abbildungen, die NATHUSIUS giebt, Fig. 35 die an i grenzende Schicht h, oder Fig. 29 A und B die Schicht b, oder Fig. 31 und 32 g, oder Fig. 33 f; es ist die dem »Faserhäutchen des Dotters« zunächst aufliegende »geschichtete Eiweisslage«, von der p. 258 zuerst die Rede ist Zum mittleren Eiweiss gehören Fig. 35, $g\ f\ h$ (mit Ausnahme des h neben i), oder Fig. 33, e und d, oder Fig. 31 und 32, d und e; es ist dieses die dünnflüssige Masse, in der der Dotter fluctuirt, nebst der geschichteten, p. 259. Das äusserste Eiweiss endlich ist Fig. 33, b und 35, e.

[2] Vergl. BAER p. 30.

[3] Dass die Schalenhaut ein späteres Gebilde sei als das Eiweiss, ist nicht nur von TIEDEMANN 1814 schon angegeben, sondern namentlich auch von DUTROCHET 1820, BAER, COSTE u. A. aufs Schlagendste dargethan worden, und es klingt daher wohl sehr sonderbar, wenn im Jahre 1865 von Dr. MAYER (l. c. p. 16) der Satz ausgesprochen wird:

»Die äussere Haut des Eies stammt schon vom Ovarium her. So wie das Ei im Oviduct angekommen und daselbst sich eine Zeit lang in einem Neste der

um das Eiweiss, und zwar wohl kaum durch blosses Gerinnen der obersten Schicht (wie wir es für die Membrana chalazifera annahmen), sondern sicher durch Hinzutritt eines anderen Secretes, welches auch von Nasse und Blasius jun., gerade an dieser Stelle des Eileiters, als klebrige faserige Masse nachgewiesen worden. Besondere Drüsen für dieses Secret sind freilich von den Vögeln noch nicht beschrieben, wohl aber kennt man solche bei einigen Knorpelfischen. Für die Existenz besonderer Drüsen spricht ferner der Umstand, dass die Schalenhaut das chemische Verhalten des Chitins zeigt. (Vergl. Leuckart p. 894). Landois's Annahme, dass sie sich aus den abgelösten und durch die Drehung verfilzten glatten Muskelfasern des Eileiters bilde, hat gar keine Thatsache für sich, wohl aber einige gegen sich. Die microscopischen Abbildungen, die Melsens von künstlichen Gerinnungsproducten des Eiweisses giebt [1]), sind der Eischalenhaut viel ähnlicher, als glatte Muskelfasern. Besonders aber spricht der von Berthold (in Okens Isis 1830 p. 573) mitgetheilte Versuch dagegen, nach welchem sich, bei Zerbrechung der Schale im Eihälter, neue Scha-

---

Schleimhaut desselben festgesetzt hat, so lagert sich auf der Eihaut und auf deren Fasern ein Eiweisstratum ab, aus welchem im Uterus sich kleine Kalkkörnchen niederschlagen.« Oder pag. 20: »Nun schwitzt das arterielle Drüsenconvolut des letzteren Eiweiss aus, welches die Schalenhaut durchtränkend, sich nach und nach mehrend in den Zwischenraum zwischen ihr und die Keimmembran eindringt, jene nach aussen hebend« u. s. w.
Man kann sich diese Aussprüche, die ohne Erwähnung des sonst allgemein Angenommenen, und ohne Anführung irgend einer beweisenden Beobachtung, gethan werden, nur dadurch erklären, dass eben die ganze Arbeit von solchen unmotivirten merkwürdigen Ideen überfüllt ist.
1) Bull. de l'Acad. Roy. de Belgique T. XVIII 1851 II p. 36 tab. Fig. 1 im Artikel: »Note sur les matières albuminoïdes«. Melsens hat durch Experimente nachgewiesen, dass das Eiweiss sich, nach Sättigung mit verschiedenen Salzen, bei starker Bewegung (durch Klopfen oder Einleitung eines Luftstromes) zu Membranen organisirt, die er »tissu cellulaire artificiel« nennt. Die Bedenken, die Nathusius gegen eine »selbstständige Organisation des formlosen Secretes« aus prinzipiellen Gründen hat (l. c. p. 264), sind somit schon 1851 durch das Experiment widerlegt. Harting's Schrift, die nach Blasius (p. 489) ähnliche Experimente nebst Abbildungen mittheilt, ist mir leider nicht zugänglich, ebenso wenig die Experimente Ascherson's, der das Eiweiss mit Oel mischte und dadurch feine Häutchen erhielt.

lenhaut auf die Risse lagerte, also unter Verhältnissen wo keine Muskelfasern abgelöst und verfilzt werden konnten. Dass die Eischalenhaut[1]) aus 2 Blättern bestehe, geben schon vor Tiedemann sämmtliche Forscher an, Dutrochet lässt sie gesondert nach einander entstehen (nach Meckel's Archiv VI p. 381) und nennt sie Pseudomembranen. Nur am stumpfen Ende sind die 2 Blätter nicht fest an einander hängend, und treten hier unter Ansammlung von Luft aus einander, wodurch der »Luftraum« (Folliculus aëris) entsteht. Dieser fehlt für gewöhnlich dem Ei so lange es noch nicht oder erst eben gelegt ist; doch scheinen Ausnahmen vorzukommen, da Harvey (nach Tiedemann) behauptet, den Luftraum an Eiern im Uterus gefunden zu haben. Durch Verdunstung des Wassers aus dem Eiweiss entsteht bei der Starrheit der Schale[2]) eine Leere im Ei, und da die Stelle zwischen den beiden Blättern der Schalenhaut am stumpfen Ende die einzige ist an der die Elemente des Eies nicht an einander haften, so treten sie hier aus einander, und in den entstehenden Raum dringt Luft, aber nicht atmosphärische von aussen, sondern, wie Baer nach Erman's Versuchen[3] gezeigt hat, eine sauerstoffreiche Luft, aus dem Innern des Eies selbst abgesondert[4]).

Im Eihälter angelangt, lagert sich der Schalenhaut (die wahrscheinlich ebenfalls erst hier ihre definitive Festigkeit erhält, da ihre obere Lamelle meist auch Kalktheile führt, zunächst eine Schicht abgelöster Uterindrüsen auf, und um diese organischen Kerne ergiesst sich die von den Uterindrüsen abgesonderte zähe Flüssigkeit (»wie Kalkmilch in verdünntes Eiweiss gegossen«, Baer), und gruppirt sich um dieselben, zu Kalkkrystallen in organischen Hüllen erstarrend, und dadurch das sog. »Korn« der Schale bedingend. Landois hat zuerst

---

1) Genaueres über die Faserstructur der Eischalenhaut geben Landois, Blasius jun. und Nathusius. Von Gefässen, die Meckel und Mayer in ihr gefunden haben wollen, ist sonst von Niemandem etwas gesehen worden.
2) Am schalenlosen Ei fehlt daher der Luftraum stets.
3) Mitgetheilt von Baer pag. 30.
4) Dass der Embryo keiner atmosphärischen Luft zu seiner Entwickelung bedarf, dürfte auch aus den Fällen hervorgehen, wo Hühnchen sich innerhalb des Mutterleibes entwickelten, auf die wir später zurückkommen.

die auch von Blasius jun. bestätigten organischen Kerne als abgelöste Uterindrüsen gedeutet, und es hat diese Auffassung Vieles für sich, und nichts wider sich. Zuerst ist die Analogie mit den sich als Decidua lösenden Uterinzotten der Säugethiere, wenn auch nichts beweisend, so doch sehr günstig für die Deutung [1]. Ferner erklärt sich nur so das bei den einzelnen Arten constante Lagerungsverhältniss der organischen Kerne und damit das ebenso constante Korn. Ohne die Annahme der Landois'schen Theorie sind wir nicht im Stande die eben erwähnten Verhältnisse auf mechanischem Wege als Erbtheil vom mütterlichen Organismus zu erklären [2], und sehen uns daher genöthigt sie so lange anzunehmen, als eben nichts gegen sie spricht [3].

Auf die Drüsenschicht folgt bei einigen Vögeln noch eine »Schwammschicht« (Landois), die ohne um organische Kerne gruppirt zu sein, Kalkablagerungen in einem Netze organischer Substanz darstellt, wie man sie sich leicht als Erstarrungs- und Gerinnungs-Product der oben erwähnten Mischung von Kalk und Eiweiss denken kann. Bekanntlich giebt eine solche Mischung einen vortrefflichen Kitt, dessen Festigkeit auch der ungeheuern Resistenz der Eierschalen entspricht.

Die chemische Zusammensetzung der Schale ist beim Hühnerei nach Prout (von Baer p. 11 mitgetheilt) folgende:

1) Meckel hatte die Bildung der ganzen Schalenhaut auf eine Decidua-artige Ablösung eines Stückes der Schleimhaut im Isthmus des Eileiters zurückführen wollen; allein an und für sich ist schon die Umwandlung einer kurzen Schleimhautröhre, die ein solches Stück darstellen würde, in einen gleichmässigen allseits geschlossenen Sack ohne jede Vernarbung, wie ihn die Eischalenhaut darbietet, nicht gut denkbar. Ferner aber widerlegt die von Coste gesehene halbe Schalenhaut auf dem vorderen Theil des Eies, das er im Isthmus fand, Meckel's Deutung vollständig.
2) Auf diesem Wege, nämlich durch Berücksichtigung der etwa sonst noch direct in die Schale übergehenden Theile der Uterinschleimhaut, wird es auch ohne Zweifel gelingen, die allerdings noch unerklärten, von Nathusius in überraschender Regelmässigkeit nachgewiesenen Porenkanäle, z. B. in der Schale des Straussencies, auf mechanische Ursachen zurückzuführen. Meckel (l. c. p. 431) hält die Poren für Reste der Uterindrüsen.
3) Auch die von Nathusius durch microscopische Schliffe gefundenen »Mammillen« sind offenbar dieselben organischen Kerne, die Landois und Blasius jun. beschrieben.

	Kohlensaurer Kalk mit etwas kohlensaurem Talk	Phosphorsaurer Kalk u. phosphorsauren Talk	Animalische Stoffe mit Schwefel	Eisen
Eierschale	97 %	1 %	2 %	Eine Spur

Die Form der Eierschale und somit des Eies [1]), richtet sich ganz nach der Form des Eihälters, von dem sie gleichsam einen Ausguss darstellt. Dabei liegt das Ei mit der **Spitze** zum Ausgang gewendet im Eihälter, wird aber zuweilen auf dem Wege durch die Vagina und Kloake umgedreht, was PURKINJE und BAER beobachtet haben. FABRICIUS AB AQUAPENDENTE (nach THIED. p. 108) giebt sogar die umgekehrte Lage bei der Geburt als normal an, und MECKEL (l. c. p. 432) sogar für den ganzen Weg durch den Eileiter.

Die äusserste Schicht der Schale ist die **Oberhaut**, die ebenfalls den Eiern mancher Vögel abgeht. Sie wurde zuerst von BAUDRIMONT und MARTIN ST. ANGE [2] (nach LANDOIS) oder von DICKIE [2]) (nach BLASIUS) beschrieben, dann von WITTICH [3]) genau untersucht und als durchlöchert nachgewiesen. LANDOIS zeigte ihre grosse Mannigfaltigkeit bei verschiedenen Arten und Familien, auf die wir später zurückkommen. Es bildet sich das Oberhäutchen wahrscheinlich auf dem letzten Wege, den das Ei vom Eihälter bis zur Kloake zurücklegt, vielleicht aber auch während der letzten Zeit im Eihälter, und verdankt seine Differenzirung von der Schale sowie seine Elasticität und den grösseren Glanz dem Aufhören der Kalkablagerung; sei's, indem das Ei den Ort der Kalksecretion, den Eihälter, verlässt, sei's, weil diese selbst aufhört.

Wir kommen jetzt zu dem für unsere Schlussfolgerungen wichtigsten Punkt der **Färbung** der Eierschale. TIEDEMANN äussert sich dahin, dass dieselbe in der Kloake erfolge. Dagegen hat C. G. CARUS [4])

---

1) Dr. MAYER sucht sie (l. c. p. 21) auf eine ganz merkwürdige Art zu erklären, »weil noch keine Deutung der an einem Ende abgeplatteten Form versucht worden sei«. (NB. Die obige findet sich schon bei TIEDEMANN 1814). Vielleicht meint aber Dr. MAYER die durch den Luftraum entstehende Abplattung des Eiweisses, alsdann haben wir aber bereits vor TIEDEMANN dieselbe durch Verdunstung erklärt gesehen.
2) Beide Arbeiten waren mir nicht zugänglich.
3) Zeitschrift f. wiss. Zoologie III p. 213.
4) Erläuterungstafeln Heft III p. 21 u. 22.

gezeigt, dass sie innerhalb des Eileiters vor sich gehe, welcher Anschauung sowohl Coste folgt, der sogar eigne Drüsen zur Absonderung des Farbstoffs annimmt, als auch Leuckart, der, wie Carus, ein specifisches, dem Kalke beigemischtes, und ein aus dem Blutfarbstoff entstehendes Pigment annimmt, das durch die Windungen der Gefässe des Oviducts austritt und auf der Oberfläche der Schale sich abdrückt.

Carus' und Leuckart's Erklärung blieb die allgemein angenommene, bis Wicke durch chemische Untersuchung den grünen Farbstoff für Biliverdin, und den rothen für Cholepyrrhin erklärte [1], beides Farbstoffe, die man aus der Galle kennt. Diesem Umstande folgend, will er die Färbung erst in der Kloake vor sich gehen lassen (was auch Tiedemann's Ansicht war), wofür er auch einige Erfahrungen als Belege anführt, nämlich Fälle, in denen noch nicht gefärbte Eier in der Kloake geschossener Vögel gefunden wurden. Derselben Ansicht schliesst sich Blasius jun. an, indem er die Belege als richtig ansieht, stellt indess direkte Untersuchungen in Aussicht (p. 499). Dr. Opel dagegen erwähnt ganz beiläufig, dass er öfters gefärbte Eier dem Legedarme (also nicht der Kloake) des Kuckucks entnommen habe, deren dunklere Flecken im Sonnenlicht bald stärker hervorgetreten seien (Journ. f. Ornith. VI p. 296). Durch einen glücklichen Zufall bin ich im Stande einen direkten Beweis dafür zu liefern, dass die Färbung im Eihalter vor sich geht, ganz in der von Carus geschilderten Weise. Die Gelegenheit bietet ein pathologischer Fall, der gewiss zu den grössten Seltenheiten gehört, wenn er nicht gar einzig dasteht [2]. Vorher sei noch bemerkt, dass nach Tödtung eines Vogels, namentlich durch einen Schuss, wo der Todeskampf oft lange dauert, man nie sicher ist das Ei an der Stelle zu finden, die es vor dem Tode im Eileiter einnahm, denn die Convulsionen müssen es plötzlich vorwärts treiben; es kommt dabei sogar vor, dass der Vogel sein Ei ganz zur Welt befördert. Wir haben es also in solchen Fällen mit einem theilweisen oder ganzen Abort zu thun, auf den sich somit keine

---

[1] Naumannia 1858 p. 393
[2] Nämlich bei wilden Vögeln mit gefärbten Eiern, denn von Haushühnern sind einige solche Fälle bekannt, auf die wir später zurückkommen.

Schlüsse bauen lassen. -Der von BLASIUS jun. angeführte Fall, wo ein Lerchenfalk im Eihälter ein ungefärbtes Ei mit vollständig gebildeter Schale hatte, beweist nur, dass bei diesem Vogel die Färbung erst nach Vollendung der Schale beginnt, sehr wohl aber noch im Uterus erfolgen kann, da das Ei ihn ja noch nicht verlassen hatte und wahrscheinlich erst am andern Morgen gelegt worden wäre.

Im August 1867 schoss der eifrige Ornithologe VAL. Russow, Conservator des zoologischen Cabinets der Universität zu Dorpat, eine Doppelschnepfe (Ascalopax major), in deren Bauchhöhle ein vollkommen ausgebildetes und ausgefärbtes Ei, in eine dicke Kapsel eingeschlossen, sich befand. Die Kapsel lag vollkommen frei in der Bauchhöhle und war nirgends mit den Eingeweiden verwachsen; das spitze Ende derselben war dem Magen zugewendet. Der Tractus intestinalis war vollkommen unversehrt und das Thier schien sich sehr wohl zu befinden, denn es war ebenso gut geflogen und ebenso fett als alle Doppelschnepfen um diese Jahreszeit. Es hätte also mit seinem eingekapselten Ei noch lange leben können, wie es auch dasselbe wahrscheinlich schon länger als seit dem Frühling bei sich trug; denn der Inhalt war nicht mehr flüssig, sondern zu einer gleichmässig körnigen, käseartigen Substanz zerfallen [1]). Die Schale des Eies war biegsam, als wenn sie ohne Kalk wäre (was übrigens nicht der Fall ist; denn an der Luft erhält sie ihre normale Härte). Die Kapsel wurde geöffnet und sammt dem mehrfach eingeknickten Ei in Alkohol aufbewahrt. Als ich im Mai 1868 in Dorpat war, zeigte mir Herr Russow das merkwürdige Gebilde und war so freundlich es mir zur Untersuchung mitzugeben. Beim ersten Anblick dachte ich an eine Extraoviductschwangerschaft, wie sie TIEDEMANN für die zwei von ihm angeführten [2]) Fälle

---

[1] Eine ähnliche Beschaffenheit mögen die von den Chinesen als Delikatesse verspeisten, jahrelang in Thon aufbewahrten Eier haben.
[2] »Nach MORAND (Mem. de l'Academie des Sciences de Paris 1718 p. 25) verfiel eine junge Henne, die oft gelegt hatte, in eine Krankheit und hörte auf zu legen, in der geöffneten Bauchhöhle der getödteten Henne fand man am Gekrös eine grosse Geschwulst, die an einem Stiele hing und ein grosses Ei enthielt, welches sein Eiweiss und seinen Dotter hatte. Auch in der Fränkischen Sammlung (Bd. III p. 135) ist ein ähnlicher Fall erzählt: in der Bauchhöhle einer Henne, welche nicht gelegt

beim Haushuhn annimmt. Da das Ei aber vollkommene Grösse und
namentlich Schale und Färbung besass, konnte es nicht als blosser
Dotter in die Bauchhöhle gefallen sein, sondern musste den Weg durch
den Eileiter und zwar bis in den Eihälter zurückgelegt haben, denn
nur hier findet eine Kalbabsonderung statt. Dasselbe gilt von den beiden von TIEDEMANN angeführten Fällen; denn wenn bei dem ersteren
derselben auch keine Schale erwähnt ist, so hatte das Ei doch sein
Eiweiss, das ebenfalls nur im Eileiter abgesondert wird; und bei dem
zweiten waren nur die beiden Dotter allenfalls direkt vom Eierstock in
die Bauchhöhle gelangt¹). Es mussten also in allen diesen Fällen die
Eier entweder aus dem Oviduct wieder ausgestossen oder in demselben verblieben sein. Durch die Vagina konnten sie nicht ausgestossen worden sein, sonst hätte man sie im Darm antreffen müssen;
der Rückweg durch die Tuba aber ist (wenn man auch eine antiperistaltische Bewegung des Eileiters annehmen wollte), doch nicht recht
denkbar, weil er für ein Ei mit Schale bei einfachem Druck wohl jedenfalls zu eng ist, besonders aber weil die Kapsel unseres und des MoRAND'schen Falles dann unerklärt bleibt, es sei denn, dass man in ihr
einen neugebildeten Uterus (mit Uterin und Kalkdrüsen) sehen
wollte, was jedoch insofern unstatthaft ist, als das Ei eine ganz normale
Gestalt besitzt, die es nur von einem bereits vorgebildeten Uterus erhalten konnte. Die andere Alternative ist also die einzig mögliche, nämlich, dass die Eier so lange im Eileiter verblieben, bis derselbe durch
Eiterung oder sonst wie zerfiel und resorbirt wurde (d. h. wenn die
Eier beim Fränkischen Falle wirklich frei lagen!), oder sich in eine
geschlossene Kapsel resp. Geschwulst umwandelte. Derselbe Vorgang
gilt auch für alle Fälle²), in denen Hühnchen innerhalb der mütter-

---

hatte, fand man zwei grosse mit ihren Schalen, Dotter und Eiweiss versehene Eier,
dann ein Ei von der Grösse eines Gänseeies ohne Schale, ferner noch drei kleinere
Eier ohne Schale und endlich zwei Dotter.« (TIEDEMANN Bd. III p. 147).
1) Eine Art wirklicher »Bauchhöhlenschwangerschaft« scheinen indess die zwei
von TIEDEMANN beobachteten Dotter dargestellt zu haben, die in die Bauchhöhle
gelangt und von einer grossen Menge gallenartiger Flüssigkeit (NB. ohne Eiweiss
und ohne Schale) umgeben waren. TIED. III p. 102.)
2) KANOLD (Breslauer Sammlung Versuch p. 326) fand in einer Henne drei bereits mit Federn bedeckte Küchlein, GEISSLER (Fränkische Samml. Bd. VI p. 49)
eines und TABARRANI (Atti die Siena T. III p. 125) ebenfalls eines, das in einem mit

lichen Bauchhöhle sich entwickelt hatten, doch kann bisweilen sogar die Vagina mit der Kloake in Zusammenhang bleiben, und, wie in dem von Mich. Lyser mitgetheilten Falle [1]), die Hühnchen lebendig zur Welt befördern.

Es unterliegt also keinem Zweifel, dass die unser Ei umschliessende Kapsel ein umgewandelter Theil des ganzen Eileiters ist und zwar gerade der Eihälter, wie wir gleich sehen werden. Das dem Infundibulum zugewandte Ende hat sich ziemlich kurz abgeschnürt und ist vollkommen geschlossen (ob der übrige Theil des Eileiters im engeren Sinne, nebst dem Infundibulum noch vorhanden war oder sich zersetzt hatte, war leider nicht bei der Section beobachtet worden). Das entgegengesetzte Ende mit der Vagina hat sich ebenfalls abgeschnürt, doch nicht so kurz; denn es ist ein ziemliches Stück der letzteren am Eileiter hängen geblieben und bildet das untere stumpfe deutlich aufgerollte Ende der Kapsel, in welches man von innen aus einen Gang verfolgen kann, der indess nicht weit reicht. Die Wand der Kapsel ist in der Mitte 0,75—1 Mil. dick, nach den Enden zu wird sie dicker. Die innere Höhlung entspricht der Form des Eies, welches quer in ihr liegt, und war der Schale desselben überall eng anschliessend,

---

den Gedärmen der Mutter verbundenen Sacke enthalten war, und Rossi (Memor. d Turino VI p. 266, fand einen wohlausgebildeten Fötus im Unterleibe einer Truthenne. Tied. III p. 146.

[1]) Im »Culter Anatomicus« Lugd. Batav. 1754, Observ. 6 p. 198, wo erzählt wird, dass eine Henne 6 wohlausgebildete Küchlein »uno partu« zur Welt gebracht habe (Tied. III p. 146). Nach Rossi's Experimenten scheint es nicht schwer eine Ausbreitung innerhalb einer Henne zu bewirken, wenn man die Vagina verstopft. (Memor. d. Turino T. 6 nach Tiedemann, Baer und Carus Bibl. Zoolog. Ebend. T. XI p. 253 befindet sich, laut dem im 12. Bd. enthaltenen Register, ein Art. von Rossi »Experiences sur la generation des animaux ovipares et surtout des poules«. In der Bibliothek d. Leopold. Carol. Akad. sind die Mem. d. Turino leider nur vom 12. Bd. an vorhanden. Dass, wie Baer p. 164 mittheilt, Rossi bei seinen Experimenten keine Schale um den Embryo fand, was in allen übrigen mitgetheilten Fällen ebenso gewesen zu sein scheint, muss man auf eine, durch Ausbildung des Hühnchens bedingte Zersetzung derselben zurückführen; denn auch beim Bebrüten wird die Schale gegen Ende brüchig, verliert aber an freier Luft nicht so viel Kalk als innerhalb des Eileiters geschehen mag. Ueber den Kalkverlust beim Bebrüten haben Prévost und Morin (Journ. de pharm. et chim. 1846) Beobachtungen angestellt. (Vergl. Leuckart l. c. p. 894.)

bis auf die Stelle, wo der erwähnte Gang nach unten eine trichterförmige Vertiefung bildet. Stark injicirte bogenförmige Gefässe und grössere Blutextravasate sind stellweise auf der inneren Fläche zu sehen und entsprechen den gefärbten Stellen des Eies und namentlich auch den Zeichnungen der Flecke. An einer Stelle, nahe der Spitze, ist die Schale des Eies ganz fest mit der Kapsel verbunden gewesen, so dass ein Theil der letzteren (die hier sehr dünn war) an ihr haften geblieben ist, an einer anderen hat sie sich zwar lösen lassen, aber man sieht auf beiden Theilen die körnige Kalkmasse durch die sie an einander adhärirten. In der Einmündung des erwähnten Ganges hat sich sogar eine zusammenhängende dünne Kalkschicht gebildet, gleichsam eine zweite Schale, jedoch nicht am Ei, sondern an der Uteruswand haftend. Im übrigen ist die Kapsel von entsprechender Glätte.

Dass die Kapsel wirklich der Eibälter (Uterus) ist, unterliegt nach diesen später als die Schale abgesonderten Kalksecretionen keinem Zweifel, und da die Färbung der Kalkschale vollkommen beendigt und normal ist, so können wir mit Sicherheit schliessen, dass sie im Uterus vor sich geht. Es deuten ferner die den Flecken entsprechenden Gefässe und Blutextravasate darauf hin, dass das Pigment der Flecke aus dem Blute stammt, und durch die Wandungen der Gefässe an die Schale tritt. Für die Erklärung der gleichmässigen eintönigen Färbung aber mancher Eier, so wie der Grundfarbe, zumal wenn dieselbe die ganze Kalkschale durchsetzt, ist, wie LEUCKART gewiss mit Recht bemerkt, eine farbige Beimischung zum sich ergiessenden Uterindrüsensecret ausreichend, ja wir müssen dieselbe sogar annehmen, wenn die später zu besprechende Thatsache in Bezug auf die von Cochinchina-Hähnen befruchteten Eier gewöhnlicher Hennen sich bestätigt.

Der ganze Vorgang ist einem lithographischen Druck zu vergleichen, und zwar der Chromolithographie mit mehreren Platten, deren verschiedene Farben nach- und über einander aufgetragen werden. Es ist ja bekannt, dass auch die Farben der Vogeleier einander decken und in verschiedenen Schichten der Schale liegen; die tiefsten erreichen sogar die Schalenhaut (nach LANDOIS), und müssen also vor Beendigung der Schale aufgetragen sein, ebenso die tiefliegenden Pigmente, die von ungefärbten Schichten überlagert sind. Nur die in der Oberhaut liegenden oder noch oberflächlicheren Farben, die sich leicht abreiben lassen, mögen später als im Uterus, also vielleicht in der Vagina ihren Ursprung nehmen; die Kloake aber beherbergt das Ei jedenfalls viel zu kurze Zeit, um überhaupt etwas zur Färbung des Eies beizutragen, wenn man nicht gewisse Schmutzflecke, die allerdings unläugbar von den Faeces herrühren, zur Färbung zählen will. Wicke's Theorie, die z. Th. schon Tiedemann ausgesprochen, nach der durch die Faeces Gallenbraun und Gallengrün zu den Eiern gelangen und sich (auf sehr räthselhafte Art) in bestimmten Mustern auf, bisweilen schon von der Oberhaut bedeckte, Kalkschichten lagern sollen, ist somit als verunglückt zu betrachten. Dieselbe ist wohl nur aus der Annahme entsprungen, der Gallenfarbstoff könne nirgend anders herkommen als direkt aus der Galle. Angenommen es sei das meiste Pigment der Eierschalen wirklich Gallenfarbstoff (was übrigens nach den Analysen des Herrn Wicke noch keineswegs unumstösslich fest steht) [1], so ist es sehr wohl denkbar, dass derselbe unter besonderen Umständen auch anderswo aus dem Blute sich bilden kann, als gerade in der Leber, oder dass er in der Leber gebildet, aber vom Blute wieder aufgenommen und anderen Körpertheilen zugeführt wird, wie wir das z. B. beim Icterus sehen. Es konnte daher C. G. Carus' Theorie auch nach Wicke's Analysen sehr wohl beibehalten werden, zumal da sie doch für die charakteristische Zeichnung der Eier eine mechanische Erklärung gab. Sehr beachtenswerth ist die von Carus [2] angedeutete Analogie dieser Erklärung mit der Menstrualblutung der Säugethiere, so wie der Nachweis, dass die Flecken der Eier keine anderen Farben zeigen, als solche, die man bei der Decomposition des Blutes beobachtet, die gleichmässige Färbung der Kalkschale jedoch eine Aehnlichkeit mit der grünlichen (an Galle erinnernden) Absonderung des Uterus gewisser Säugethiere, erkennen lässt. Jedenfalls ist die Carus'sche Theorie durch unseren pathologischen Fall über alle Zweifel erhoben.

[1] Vielmehr scheinen die Flecke von anderem Farbstoff herzurühren.
[2] Erläuterungs-Tafeln II. III p. 22.

Fassen wir noch einmal Alles kurz zusammen, so ist als feststehend zu betrachten, dass der Dotter sich im Eierstock durch centrales Wachsthum und durch Differenzirung der gelben und weissen Dotterkörner, von innen heraus bis zu seiner normalen Grösse entwickelt, dass die äusserste Schicht seines Protoplasma's sich in die Cuticula vitelli umwandelt, dass er nur von dieser bekleidet vom Eileiter aufgenommen und erst hier durch mechanische Apposition[1]) von den übrigen Gebilden umgeben wird, die lediglich ein Product der Drüsen[2]) des Eileiters sind, und daher keine organische Fortbildung des Dotterhäutchens sein können, wie Herr Nathusius behauptet (p. 226 u. 264). Einen direkten Beweis gegen Nathusius' Auffassung liefern jene Eier, die, bald bei zu kleiner, bald bei normaler Grösse, gar keinen Dotter besitzen. Wie soll das Dotterhäutchen Ursache sein wenn es fehlt? Dadurch aber, dass Herr Nathusius in 3 »Windeiern«[3]) einen Dotter fand, was schon von Tiedemann (III p. 117) als Regel angegeben wird, dürfte die Dotterlosigkeit mancher Eier noch lange nicht als Irrthum zu bezeichnen sein; es sind zu viele derartige Fälle bekannt[4]), um sie zu ignoriren. Ich will zwei der interessantesten anführen:

Lichtenberg (Mag. f. d. Neuste aus d. Physik u. Naturgesch.) fand in einem 3 Pariser Zoll langen Hühnerei innerhalb des Eiweisses statt des Dotters ein anderes vollkommen ausgebildetes Ei mit seiner harten Schale etc. (Tied. III p. 124).

---

1) Ich glaube Herrn Nathusius (p. 263) gegenüber behaupten zu können, dass unsere Auffassung durchaus nicht »von mechanischen Erklärungsversuchen abstrahirt«, und sich im Gegentheil, bei Zurückführung der Eihüllen auf Secretionsproducte, sehr speciell auf das Wie des Vorganges einlässt.

2) Den Drüsen wurde seit jeher diese Thätigkeit ganz allgemein zugeschrieben und es ist unverständlich, weshalb Herr Dr. Mayer (p. 17 u. 20) »gegen die gewöhnliche Annahme, dass die Epithelialzellen die Secretion bewirken sollen«, kämpft. Dennoch wird diese Annahme, wenn auch durchaus nicht allgemein gültig, so doch in manchen Fällen ganz richtig sein, denn Leydig sowohl als auch Nasse haben die Epithelialzellen in ein paar Fällen mit Eiweisskörnchen gefüllt gesehen.

3) Richtiger »Spureier« oder »Zwergeier« (ovorum pomiliones), denn unter Windeiern versteht man unbefruchtete, sonst aber normale Eier.

4) Nach Tiedemann III p. 115—130.

Landois fand in einem Entenei statt des Dotters eine kugelige
Eiweissmasse, deren Mittelpunkt aus einem kleinen Lappen glatter
Muskelfasern des Eileiters (?) bestand [1]. — Eine nicht geringe Schwierigkeit stellt Nathusius unserer Erklärung der Hüllen des Eies als
blosse Appositionsproducte, durch die Thatsache entgegen, dass gewöhnliche Hennen durch Cochinchinahähne befruchtet gelbliche Eier
legen. Ehe Nathusius diese Thatsache publicirte, hatte ich sie ebenfalls gehört, ihr aber wenig Glauben geschenkt. Bestätigt sie sich
aber durch umsichtig angestellte Versuche [2], so kann die blosse Befruchtung des Stratum proligerum durch ein Spermatozoon unmöglich die gelbe Färbung der fast 24 Stunden später abgelagerten, und
durch die Eiweisschicht und die Eischalenhaut von dem befruchteten
Keim getrennten Kalkschichten zur Folge haben. Die einzig richtige
Erklärung wäre wohl die, dass das Sperma des Cochinchina-Hahnes
dem Secret der Uterindrüsen beigemischt, jene gelbliche Färbung hervorbringt, und bekanntlich wird dasselbe vom Hahne so reichlich ergossen, dass es in der Henne bis auf 36 Tage zur Befruchtung
der Eier ausreichen kann [3]. —

Das Eiweiss legt sich also zunächst um den Dotter und bildet durch
Gerinnung seiner inneren Fläche die Membrana chalazifera, durch Gerinnung der äusseren aber, unter Zutritt eines klebrigen Secretes im

---

[1] Zeitschr. f. wiss. Zool. XV p. 26. Ich möchte mir die Vermuthung erlauben,
dass dieses Läppchen anders wo herstammt, etwa aus dem Ovarium; denn wenn
es von der Stelle des Eileiters wäre, wo sich nach Landois die Muskelfasern lösen,
um die Eischalenhaut abzugeben, wie sollte sich dann bei stetem Fortrücken die Eiweissmasse (die ja vor dieser Stelle des Eileiters abgeschieden wird), um den Lappen
legen, und wo wäre dann die »dicke Faserschicht« um diese Eiweissmasse entstanden, wo ferner das Eiweiss selbst (jene kuglige Eiweissmasse war ja nur an
Stelle des Dotters), von dessen Fehlen Landois nicht spricht, und wo endlich die
Eischalenhaut? Wir sehen, dass die Lösung jenes Läppchens sehr weit von der
Bildungsstätte der Eischalenhaut erfolgt sein muss.

[2] Dabei ist wohl zu beachten, dass auch andere Ursachen die Färbung verändern können. Tiedemann giebt (p. 80) an, dass Hühner, die man mit Weizen füttert, röthliche Eier legen, und Färberroth dem Futter beigemischt, die Eier roth
färbe. Auch legen schwarze Hennen oft dunklere Eier, ohne jede cochinchinesische
Vermischung.

[3] Es wäre der Versuch sehr interessant, was für Eier die Cochinchina-Henne,
befruchtet vom gewöhnlichen Hahn, legt.

Isthmus, die Schalenhaut; auf diese lagert sich im Eihälter eine Schicht von abgelösten Uterindrüsen, die, als Mittelpunkte der nun folgenden Kalkconcretionen, eine mechanische Erklärung des, jeder Art eigenthümlichen Kornes liefern. Ebenfalls im Uterus wird theils dem Kalksekret ein Pigment gleichmässig beigemischt[1]), theils werden von stark injicirten Gefässen, mittelst Transsudation, besondere Farbstoffe (Cholepyrrhin und Biliverdin) in bestimmten Flecken und Zeichnungen, die jeder Species eigenthümlich sind, den verschiedenen sich bildenden Kalkschichten mitgetheilt. In der Vagina, vielleicht aber auch schon im Uterus, wird die letzte, mehreren Eiern fehlende Schicht, das **Oberhäutchen**, abgesondert, und zwar oft zugleich mit gewissen farbigen Flecken.

Das Vorstehende ist also das **Thatsächliche**, was wir über die Bildung der Vogeleier vom Ovarium bis zur Aussenwelt wissen[2]), und nach diesem können wir alle **Eigenthümlichkeiten**, die wir an diesen so mannigfaltigen Gebilden sehen, als **direkte, mechanisch erklärbare Folgen der anatomischen und histologischen Zusammensetzung und physiologischen Thätigkeit des Eileiters betrachten**. Diese Eigenthümlichkeiten finden sich aber an der Schale (und von dieser werden wir ausschliesslich zu handeln haben, weil sie allein mit der Aussenwelt in Berührung tritt) verschiedener Vogeleier in folgenden Punkten: 1) in **Grösse und Form**, 2) im **Korn**, 3) in der relativen Dicke der Schale, 4) in Ab- oder Anwesenheit einer **Schwammschicht**, 5) in An- oder Abwesenheit einer **Oberhautschicht**, 6) im grösseren oder geringeren **Glanz** der Oberfläche, 7) in der Vertheilung des **Farbstoffes** sowohl in radialer als peripherischer Ausbreitung.

---

1) Coste hat sogar besondere Drüsen zur Absonderung desselben angenommen was zwar nicht unwahrscheinlich aber noch nicht bestätigt worden ist.
2) Die weiteren Veränderungen während des Bebrütens interessiren uns hier nicht, doch sei nur bemerkt, das auch hierin, ebenso wie in Bezug aufs unbebrütete Ei, die »Beobachtungen und Reflexionen« des Altmeisters der Entwickelungsgeschichte Carl Ernst von Baer im Ganzen noch in voller Gültigkeit bleiben, wenn auch specielle Einzelheiten hier und dort genauer untersucht und etwas modificirt worden sind.

1. Grösse und Gestalt der Eier hängt direkt von der Form des Eihalters ab und ist daher für jede Art eine ziemlich constante, wobei jedoch natürlich individuelle und Raçen-Abweichungen vorkommen [1]). Die Grösse der Eier steht weniger mit der Grösse des Vogels als mit der des auszubrütenden Jungen in direktem Verhältniss. Wo die Jungen nackt und blind zur Welt kommen (Raubvögel, Singvögel u. s. w.) sind die Eier klein, wo sie mit Federn und zum Laufen und Schwimmen bereits tüchtig das Ei verlassen, dagegen gross (z. B. bei den Wasservögeln). Auch ist zu bemerken, dass der Eihälter elastisch ist, also auch wenn die gehörige Quantität Eiweiss nicht producirt war, einem kleinen Ei seine Form geben kann, daher es erklärlich bleibt, wie dasselbe Individuum auch kleinere Eier von normaler Form legen kann, die eine um so abweichendere Gestalt haben müssen, je kleiner sie sind. Bei Möven, denen die Eier wiederholt genommen werden, zeigen die letzten, viel kleineren, noch mehr oder weniger die specifische Gestalt, die Spureier der Hennen aber haben gar keine Eigestalt mehr, sondern sind einfach kugelförmig.

2. Das Korn können wir nicht anders als den Ausdruck der Uterindrüsenschicht [2]) nennen und müssen es als eine direkte Folge der jedesmal abgestossenen Quantität so wie der Lagerung derselben Drüsen im Eihalter ansehen; denn das Korn richtet sich nach der Anzahl, Grösse (und Form) [3]) der organischen Kerne jener Drüsen-

---

1) STEINER hat die Form der Vogeleier durch mathematische Formeln für verschiedene Species auszudrücken gesucht, in d. Abhandl. d. K. Sachs. Ges. d. Wiss. zu Leipzig 1849. (Vergl. MECKEL l. c. p. 433). Vergl. auch C. G. CARUS, Urtheile des Knochen- und Schalengerüstes.

2) Sollte es sich herausstellen, dass die organischen Kerne des Kornes nicht wirkliche Uterindrüsen sind, so dürften uns die von M. GLUGE beschriebenen Gebilde (in MELSEN's Art. »sur les mat. alb.« Bull. Belg. l. c. p. 37, zu weiterer Erklärung Anhaltspunkte geben : »Au milieu de ces faisceaux fibreux (tissu cellulaire artificiel MELS., on voit les granulations (x) composées de petits globules de $1/400$ à $1/800$ m. m. et renfermant quelques bulles d'air. Ces globules sont quelquefois très-régulièrement groupés, et forment alors des masses arrondies (Fig. 1. x). So eine runde Masse von Kügelchen mag allerdings einer Drüse sehr ähnlich werden können.

3) Die von der Kugelgestalt abweichenden Formen (sternförmige, gezackte) dieser Kerne erklärt BLASIUS jun. für künstlich durch die Untersuchung erzeugt.

schicht. Liegen dieselben weit von einander und sind zu gleicher Zeit gross, wie z. B. beim Huhn. so erhält das Ei ein grobes Korn, liegen sie dicht und sind klein, so muss das Korn fein werden. Die Constanz des Kornes bei jeder Species ist zuerst von Thienemann betont worden und seit der Zeit ist dasselbe das hauptsächlichste Merkmal in der wissenschaftlichen Oologie, doch ist es, wie Blasius jun. gezeigt hat, für die Systematik von keinem grossen Werthe. Den ursächlichen Zusammenhang jedoch des Kornes mit dem Organismus des betreffenden Vogels zuerst befriedigend erklärt zu haben, ist Landois's Verdienst.

3. Die Dicke der Schale ist eine Folge der geringeren oder stärkeren Kalksecretion im Eihälter. Hühner die viele Eier legen und dabei nicht mit der Nahrung gehörig viel Kalk aufnehmen, legen dünnschalige, bisweilen ganz schalenlose Eier. Im wilden Zustande kommen keine solche Abnormitäten vor, dagegen hat jede Species ihre bestimmte Dicke, die nicht immer mit der Grösse der Eier in direktem Verhältniss steht, sondern vielmehr mit der Widerstandsfähigkeit, die dieselben unter den Verhältnissen, in denen sie ausgebrütet werden, haben müssen. Höhlennister haben in der Regel viel dünnschaligere Eier als frei nistende Vögel, und letztere haben um so dickschaligere, je weniger sie für eine weiche Unterlage sorgen [1]. Die Wasservögel haben daher im Allgemeinen dickschaligere Eier als die Landvögel, was meist durch das folgende Moment bedingt wird, nämlich durch

4. die Anwesenheit einer sog. Schwammschicht, die das Product einer sehr reichlichen Kalksecretion, und nicht bei allen Wasservögeln vorhanden ist. Beim Pelikanenei ist sie, nach Landois, besonders dick.

5. Die Oberhautschicht hängt davon ab, ob nach Bildung der Kalkschale noch rein organische Secrete abgesondert werden, gleichviel ob dieses im Uterus geschieht oder in der Vagina; jedenfalls ist dieses Verhältniss bei manchen Familien Regel, bei anderen fehlt es constant. Wo die Oberhautschicht vorkommt, zeigt sie bei den verschiedenen Species grosse Mannigfaltigkeit. So ist sie, nach Landois, bei den

[1] Als Beispiele können Somateria mollissima und Colymbus arcticus dienen, das weiche Nest der ersteren enthält dünnschaligere Eier als das harte des letzteren.

entenartigen Vögeln mit flüssigem Fett imprägnirt; daher das fettglänzende Aussehen der Eier dieser Vögel. Bei anderen Vögeln legt sich die mit grossen Löchern versehene Oberhautschicht in »netzförmiger Bildung um die mit Kalksalzen imprägnirten Uterindrüsen,« (Nach Landois bei Phasianus colchicus.) Bei Ardeola minuta ist das Oberhäutchen kaum wahrzunehmen und giebt sich erst nach Chlorwasserstoffbehandlung zu erkennen. Die Colymbus- und Podiceps-Arten verrathen schon bei mechanischer Behandlung eine stark entwickelte Oberhaut, die schmutzig ist und leicht von den übrigen Schichten abbröckelt. Beim Straussenei ist sie ebenfalls sehr deutlich. Nicht selten bildet die Oberhaut zierliche Verschlüsse der Porenkanäle. Bei Podiceps minor z. B. überzieht sie dieselben als dünne Haut mit feinen Oeffnungen, und jeder dieser Siebverschlüsse ist von einem etwas erhöhten Wulst umgeben. (Vergl. Landois l. c. tab. I. f. 5.) Ein solcher Verschluss hindert das Eindringen des Wassers, besonders wenn er fettig ist, vollständig, gestattet aber die zur Entwickelung nöthige Verdunstung des Eiweisses. Bei Meleagris Gallopavo fand Nathusius die Oberhaut in die Poren eindringend, woselbst sie durch Aufquellen einen Verschluss gegen das Eindringen von Wasser zu bilden scheinen. Dasselbe Verhältniss findet sich bei Alca troile. (Vergl. Nathusius l. c. tab. XVI fig. 20.)

6. Der Glanz der Eier zeigt grosse Mannigfaltigkeit, ist aber bei derselben Art sehr constant. Er ist vorherrschend durch die Menge der organischen Substanz in der Schale bedingt, gewissermassen aber auch durch das Korn. Stark glänzende Eierschalen werden viel weniger von Chlorwasserstoffsäure angegriffen als Schalen von matter Oberfläche; Glühen dagegen zerstört den stärksten Glanz, indem es die organische Substanz vernichtet. Ein feines Korn bedingt meist einen stärkeren Glanz, und gröberes Korn meist mattes Aussehen; doch kommen Ausnahmen hiervon vor, denn die Menge der organischen resp. anorganischen Substanz ist das vorwiegende Moment[1]).

---

[1] Eine solche Ausnahme bildet z. B. das Ei des Wiedehopfs, das bei feinem Korn eine matte Oberfläche hat; löst man durch eine Säure die überwiegende an-

7. Die Vertheilung der Farbstoffe hängt zunächst von der dem Kalk beigemischten Färbung ab und dann von den später aufgetragenen Pigmenten. Bei einigen Eiern ist nur die oberste Schicht der Oberhaut gefärbt und in diesem Falle kann man oft das ganze Pigment in Fetzen von der Schale ablösen; bei anderen wird umgekehrt von einer farblosen Oberhaut die gefärbte Kalkschale überdeckt, und kommt erst nach Entfernung der ersteren zum Vorschein. Vielfach decken sich die gefärbten Schichten und bilden dadurch besondere Farbentöne. Durch das Fehlen der einen oder der anderen Schicht erklärt sich alsdann das Auftreten einer anderen Farbe als der normalen an bestimmten Stellen, — worauf oft individuelle Abweichungen bei den Eiern einer und derselben Art zurückzuführen sind [1]. Abgesehen von diesen individuellen Variationen, denen die Färbung weit mehr unterworfen ist als irgend eins der übrigen Momente, hat doch jede Art ihr bestimmtes Färbungssystem, und namentlich legt jedes weibliche Individuum sehr übereinstimmende Eier. Bisweilen jedoch findet mit der Zeit eine Veränderung der Eier desselben Individuums statt, z. B. bei zunehmendem Alter, wie Pässler für die Eier von Lanius collurio nachgewiesen hat, oder bei Veränderung des Futters oder dergl. [2]. Jedesmal aber müssen wir eine Veränderung des betreffenden Eileiters in histologischer oder physiologischer Hinsicht annehmen, die nur unter seltenen Umständen eintreten kann.

Nehmen wir jetzt Grösse, Form, Korn, Glanz und Färbungssystem zusammen, so lässt sich für jede Species ein bestimmter Typus der Eierschale feststellen, der sie mit Sicherheit von den ververwandten Arten unterscheiden lässt, wenn auch die blosse Untersuchung der Uterindrüsenschicht von keinem grossen Erfolg ist, wie Blasius jun. ganz mit Recht gezeigt hat. Wir sehen dabei, dass z. B.

---

organische Substanz auf, so tritt der Glanz hervor. Dasselbe soll bei Falco palumbairus der Fall sein. (Vergl. Landois l. c. p. 6.)

[1] Ausführlich handelt über das Variiren der Eier Gloger, im Journal für Ornithologie Jahrg. II p. 36—52, Pässler ebenda Jahrg. III p. 209, auch Jahrg. VI p. 43 u. Jahrg. VIII p. 284.

[2] Siehe p. 26.

die Färbung nicht immer bei nah verwandten Arten eine ähnliche, sondern dass sie im Gegentheil unter den Arten einer Familie nach ganz anderen Principien vertheilt ist, als diese selbst sich nach ihrer natürlichen Verwandtschaft gruppiren. Die Rauchschwalbe (Hir. rustica) hat gefleckte Eier, während die Uferschwalbe (Hir. riparia) und die Fensterschwalbe (Hir. urbica) rein weisse legen; der Mauersegler (Cypselus apus) dagegen, der mit diesen gar nicht verwandt ist, hat ebenfalls weisse Eier, während die Nachtschwalbe (Caprimulgus europaeus), der er ziemlich nahe steht, ganz bunte legt.

Die Bildung der Schale richtet sich also nicht nach dem natürlichen System, sondern hat ihre besonderen Ursachen, die im folgenden Abschnitt weiter verfolgt werden sollen.

II.

Nachdem wir die Eigenthümlichkeiten erörtert, die die Eier der Vögel auszeichnen, und ihre Entwickelung im mütterlichen Eileiter verfolgt haben, bleibt uns noch die Frage zu beantworten, wie die Entstehung dieser grossen Mannigfaltigkeit der Eier (oder der sie producirenden Eileiter) zu erklären ist, d. h. warum nicht alle Vogeleier gleichförmig gebildet, und nach welchen Gesetzen sie so verschieden geworden sind.

Die Beantwortung dieser Frage ist vielfach versucht worden. Fabricius ab Aquapendente glaubt die Farbe der Eier hänge vom Temperamente der Vögel ab; in seinen Opera omnia ed. Bohnii pag. 28 [1] heisst es: »dicas hanc varietatem varium sequi temperamentum, quod varios producit humores, qui in ovi cortice efflorescunt.« Erasmus Darwin hatte (Zoonomie a. d. Engl. v. Brandis T. II p. 353) [2] die sehr sonderbare Meinung, dass die Farbe der Eier von der Einbildung der Mutter herrühre. Daudin glaubte einen Zusammenhang zwischen der Färbung des Gefieders und der der Eier zu sehen, doch bestätigt sich diese Voraussetzung keineswegs: denn wir sehen zu viele Aus-

1 Siehe Tiedemann III p. 81
2 Siehe Tiedemann III p. 81.

nahmen von derselben. Der Eisvogel (Alcedo ispida), der Bienenfresser (Merops apiaster), die Buntspechte, die Colibris, die Papageien, die alle zu den buntesten Vögeln zu rechnen sind, legen einfarbig weisse Eier, wogegen die viel einfacher gezeichneten Möven und Seeschwalben bunte haben. — Gloger zeigte zuerst (Verhandl. der Naturf. Freunde zu Berlin 1829) die offenbare Analogie die zwischen der Färbung der Eier und ihrer nächsten Umgebung besteht, betonte den wesentlichen Schutz, der ihnen aus dieser Uebereinstimmung erwachsen muss und wies nach, dass den Eiern nur in dem Falle die Färbung ganz fehlt, wenn ihnen die Vertheidigung der Eltern selbst, oder die verborgene Nistungsart gehörigen Schutz bieten; — eine Erklärung aber, wie die Eier zu dieser nützlichen Färbung gelangt seien, suchte er als eifriger Teleologe in dem einfachen »die Natur hat es so gewollt.« Sehr sonderbar war es jene zwei ersten Erklärungen von Fabricius und Erasmus Darwin, die mit dem vorigen Jahrhundert begraben schienen, im Jahre 1854 wieder auftauchen zu sehen, und zwar diesmal in glücklicher Vereinigung. Nach Herrn Kunz nämlich (Naumannia 54 p. 196) [1]) soll der eierlegenden Mama je nach der Aufmerksamkeit, die sie bei diesem Geschäft der Aussenwelt schenken kann, bald zu bunten, bald zu einfärbigen Eiern verholfen werden, und wo die Thatsachen in zu grossem Widerspruch hiermit standen, musste das Temperament zu Hülfe kommen. Mit Recht nennt Dr. Opel[2]) diese neue Hypothese eine »abenteuerliche,« die eine wissenschaftliche Widerlegung nicht herausfordern könne; dennoch fand sie in Herrn Pfarrer F. H. Snell einen Vertheidiger[3]), und, was namentlich höchlichst zu verwundern ist, auch Gloger sprach sich beifällig über dieselbe aus, obgleich er selbst die Sache schon viel besser teleologisch erklärt hatte. Eine vernichtende Kritik der fraglichen Hypothese lieferte erst 1860 Herr Pässler im Journal

---

[1] »Die Oologie physiologisch betrachtet.« Der Bemerkung werth ist, dass Herr K. die Färbung in der Kloake aus Blut entstehen lässt.
[2] »Beiträge zur Kenntniss des Cuculus canorus« Journal für Ornithologie VI p. 285.
[3] Journal f. Ornithol. VII p. 206

für Ornithologie, Jahrg. VIII p. 254, wobei er zugleich Gloger's 30 Jahre vorher gegebene Erklärung wieder zu Ehren brachte und im ausführlichen Auszuge wiedergab. Wie jedoch die Thatsache der Zweckmässigkeit zu Stande gekommen sei, liess er ebenfalls unbeantwortet, indem er sich durch einen Schöpfungsact half. Wollen wir aber die Thatsache vollständig erklären, so müssen wir sie auf chemische und physikalische Ursachen zurückführen, was natürlich nicht mit einem Schlag geschehen kann, da die letzteren nicht so nah liegen und nicht unmittelbar wirken resp. gewirkt haben, sondern nur durch eine ganze Kettenreihe von erklärenden Schlüssen aufgedeckt und verstanden werden können.

Wir sahen aus der Entwickelungsgeschichte der Eierschale, dass der weibliche Vogel nur solche Eier legen kann als sein Eileiter absondert. Mit demselben Eileiter müsste er also vollkommen gleiche Eier legen, allein kein Vogel legt mit demselben Eileiter mehr als ein Ei; denn bei dem folgenden Ei ist derselbe durch den steten Stoffwechsel bereits etwas verändert. Daher kann selbstverständlich nie ein Ei dem andern ganz gleich sein, sondern nur möglichst ähnlich, ebenso wie es nie zwei ganz gleiche Organismen geben kann. Wir sind zwar gewohnt beim Vergleich der letzteren und ihrer Eigenschaften das Wort »gleich« zu gebrauchen, doch geschieht das nur mit der stillschweigenden Voraussetzung, dass nur die möglichst grosse Aehnlichkeit der Organismen damit gemeint sei[1]). Eier eines Geleges werden sich am ähnlichsten sehen müssen, die eines Weibchens in etwas geringerem und die verschiedener Weibchen in noch geringerem Grade. Diese Behauptung bestätigt sich vollkommen in der Natur; denn ein geübter Oologe ist in der That im Stande aus hunderten von Eiern die einem Gelege, so wie die einem Weibchen angehörigen heraus zu finden. Bei der individuellen

---

1) Diese Voraussetzung hat Herr Prof. Bischoff offenbar übersehen, wenn er auf pag. 85 seiner »Untersuch. üb. d. Schädel des Gorilla, Chimpanse u. Orang-Utang« zu zeigen versucht, dass die Vererbung »gleicher« Eigenschaften ein Abweichen der Nachkommen ausschliesse. Hätte er statt »gleich« »ähnlich« gesagt, so wäre er nicht zu dem falschen Schluss gekommen.

Variabilität, die somit auch für die Eier (wie für alle Organismen) ein Factum ist, das gar keines Beweises bedarf, ist es zunächst die Färbung, die einer Schwankung unterliegt und oft bedeutende Abnormitäten zeigt. Gloger[1]) berichtet z. B. von einem Nest der Nebelkrähe (Corvus cornix), das 5 einfarbig grünblaue Eier enthielt, und ähnliche Abweichungen von der Norm finden sich in jeder grösseren Eiersammlung in der auf ganze Gelege[2]) Bedacht genommen wurde. Nächst der Färbung ist es die Form die dem Variiren unterliegt, jedoch in weit geringerem Maasse, und am constantesten sind Glanz und Korn; völlige Gleichheit ist aber auch in letzterem nie vorhanden, wie die microscopischen Untersuchungen von Landois und Blasius jun. gezeigt haben. Auf welche Weise nun die individuelle Variabilität der Gelege eine Ursache zur specifischen Verschiedenheit der Eier von Arten, Gattungen u. s. w. wird, werden wir später behandeln. Zunächst müssen wir dieses eine Factum erklären, d. h. bis auf bekannte Gesetze der Chemie und Physik zurückführen, und zwar nicht nur für die Eier, sondern für sämmtliche Organismen.

Alle organischen Wesen haben die Eigenschaft, nicht nur ihre Substanz, sondern auch ihre Form fortwährend zu wechseln. Nicht einen Moment steht der Organismus still, sondern verändert immerfort Stoff und Form, und solche in steter Umänderung begriffene Körper, die nicht einmal sich selbst gleich bleiben, können selbstverständlich nie unter einander gleich sein, und ebensowenig gleiche Nachkommen haben. Die individuelle Variabilität d. h. das Factum, dass kein Organismus seinen Geschwistern und Eltern gleich, sondern nur ähnlich ist, ist somit die nothwendige Folge des fortwährenden Stoffwechsels, dieser beruht auf der leichten Zersetzbarkeit der meisten organischen Stoffe, die ihrerseits wieder durch die Fähigkeit des Hauptelementes derselben, des Kohlenstoffes, sich in den verschiedensten Verhältnissen mit anderen Ele-

---

[1] »Ueber das Abändern der Eier« Journal für Ornithologie Jahrg. II p. 36.
[2] Wir werden bei unserer Untersuchung stets das ganze Gelege als Einheit zu betrachten haben, denn da die Eier eines Geleges unter denselben Verhältnissen bleiben, verschwindet die Bedeutung eines einzelnen Individuums ganz.

menten zu verbinden, bedingt wird. Die individuelle Variabilität ist somit durch die chemischen Eigenschaften des Kohlenstoffs nothwendig bedingt und kann auf die Gesetze chemischer Molekularattraction zurückgeführt werden[1]. Nebenbei kommen allerdings viele

[1] Wenn Darwin die individuelle Variabilität, auch ohne diese Erklärung, als innere Eigenschaft der Organismen, durch Beobachtung unläugbar constatirte, so kann man das nicht, wie Herr Prof. Bischoff a. a. O. thut, eine »unlogische Erschleichung des Begriffes« oder »geradezu einen Unsinn« oder einen »schlimmen Missbrauch« nennen, der zu Herrn Bischoffs »Verwunderung noch nicht direct gerügt« worden. Vielmehr müssen wir nicht nur diese etwas starken Anschuldigungen zurückweisen, sondern Darwin's Ansicht auch der sehr umsichtig begründeten Meinung Haeckel's gegenüber aufrecht halten, wenn dieser Gener. Morphol. II p. 208) der Anpassung des einzelnen Individuums an die Existenz-Bedingungen eine allgemeinere und eingreifendere Wirksamkeit zuschreibt, als der individuellen (d. h. »angeborenen«) Abänderung. Wäre in der That die erstere das Hauptagens bei der Umbildung der Arten, so müsste diese viel rascher vor sich gehen (etwa wie durch künstliche Züchtung), denn nichts hinderte dann sämmtliche Nachkommen eines in neue Verhältnisse versetzten Organismus, sich entweder in gleichem Maasse durch mehre Generationen und zwar in geometrischer Progression zu verändern, falls sie unter denselben Verhältnissen blieben, oder sich in ebensoviele divergirende Varietäten zu spalten, falls wirklich die Existenz-Bedingungen für alle Individuen ungleiche wären (wie Haeckel l. c. p. 208 ausspricht). In beiden Fällen nämlich wäre kein Individuum vor dem anderen im Vortheil, also auch von einem »Kampf ums Dasein« keine Rede, und noch weniger von einer natürlichen Züchtung, sondern die Anpassung und Umwandlung müsste im Laufe von wenigen Generationen vollendet sein. In der Natur aber geht weder eine so rapide Umwandlung »en bloc« vor sich (und man kann, glaube ich, wohl in manchen Fällen absolut gleiche Existenzbedingungen für Hunderte und für Tausende von Individuen annehmen, z. B. für einen Zug Heringe, oder für eine Brut Bienen, oder für eine Colonie Blattläuse), noch sehen wir je eine Zersplitterung in ebenso viele Varietäten als Individuen vorhanden sind. Die »directe Anpassung« kann eben nicht so gleichmässig wirken, weil das andere Agens stärker ist, nämlich die ungleiche Vererbung der Merkmale, oder die angeborene Ungleichheit. Durch diese erst kann man einen »Kampf ums Dasein« (d. h. gegen Seinesgleichen) überhaupt erklären, ohne dieselbe kommt man auf den Standpunkt von Lamark zurück, der eben unhaltbar war. Ein zweiter Grund der angeborenen Ungleichheit, resp. Gleichheit, mehr Gewicht beizulegen, als der direct angepassten, scheint mir in der grossen Aehnlichkeit der Zwillinge und Drillinge zu liegen, die durch noch so ähnliche Lebensbedingungen nie in so hohem Grade erreicht wird, als wir sie durch gleichzeitige Entstehung hervorgebracht sehen. Nach der Zahl der gleichzeitig gebildeten und gleichzeitig befruchteten Keime richtet sich vielleicht immer die grössere oder geringere Gleichförmigkeit bei den verschiedenen Arten; denn Thiere mit schwacher Vermehrung z. B. Säugethiere und Vögel) zeigen immer grössere individuelle Unterschiede als solche mit starker z. B. Fische, Insecten). Ein dritter

der individuellen Abweichungen durch aussere Einflüsse zu Stande, doch sind die meisten »angeboren,« und diese sind für die natürliche Züchtung von vorwiegender Bedeutung, für die Eier sogar die einzig möglichen. Ein zweites Factum, das wir constatiren können, ist, dass von sämmtlichen Eiern, die eine Art jährlich legt, ein grosser Theil zerstört wird. Kälte, Nässe, Raubthiere, und an ihrer Spitze der Mensch, üben einen fortwährenden Vernichtungskrieg gegen die Eier der Vögel aus, und diese würden sehr bald keine Nachkommen mehr erzielen können, wenn sie ihre Eier nicht schützten. Dieses geschieht auf sehr verschiedene Art. Sind die Vögel selbst stark genug ihre Eier zu vertheidigen (z. B. Geier, Störche, Reiher, Schwäne, Gänse), oder fangen sie wenigstens wegen geringer Eierzahl dieselben gleich an zu bebrüten und somit bei Tage zu verdecken (z. B. Tauben, Tölpel, Sturmvögel, einige Eulen, Meisen), so ist kein weiterer Schutz nöthig, und die von der Unterlage abstechenden, oft ganz weissen Eier liegen in solchen Fällen in ganz offenen Nestern. Einige Vögel haben die Gewohnheit ihre zahlreichen offen daliegenden Eier, die sie erst nach längerer Zeit (wenn alle gelegt sind) bebrüten, beim Verlassen des Nestes mit Nestmaterial zu bedecken. Schwächere Vögel nisten oft in Höhlen (z. B. einige Tauben und Eulen, die Spechte, Sturnus vulgaris, Coracias garrula, Merops apiaster, Alcedo ispida, Cinclus aquaticus, Hirundo

---

Grund gegen HAECKEL's Ansicht sind die Fälle, wo von directer Anpassung der Individuen keine Rede sein kann (weil dieselben nach ihrer Entstehung gar keiner Veränderung fähig sind , wohl aber die angeborenen Abweichungen, durch natürliche Züchtung, die schönsten allmähligen Anpassungen hervorbringen. Dieses ist bei den Eiern der Vögel der Fall. Ein vierter Grund endlich ist der, dass solche selbsterworbene Anpassungen, resp. Abnormitäten, sich, wie DARWIN in seinem Werke »Ueber das Variiren der Hausthiere« übers. von V. CARUS, gezeigt hat, höchst selten vererben, während dagegen die angeborenen Abweichungen, wenn sie auch noch so abnorm und zufällig sind, eine grosse Tendenz zur Vererbung haben. Mögen die ersteren also auch momentan eine stärkere Wirkung haben, so geht ihre Bedeutung für die Art doch mit dem Individuum zu Grunde, während die letzteren momentan geringer scheinen, aber durch leichtere Vererbung für die Umwandlung der Art von grösserer Wichtigkeit werden. Wenn ausserdem von zwei Momenten das eine ganz fehlen kann, ohne die Wirkung zu hindern (bei den Eiern), so muss man das andere für wichtiger halten.

riparia, Cypselus u. s. w.), oder bauen sich selbst ein künstlich geschlossenes Nest (z. B. Parus pendulinus, Hirundo urbica u. a. m.). In allen bis jetzt aufgeführten Fällen sind die Eier vor den Feinden ziemlich geschützt, und wir sehen sie zugleich stets ganz weiss oder einfarbig hell sein. Anders ist es aber, wenn weder die Vögel selbst noch das verborgene Nest die Eier vor Angriffen bewahren, sondern sie der Selbsterhaltung überlassen sind, von der natürlich hier nur in passivem Sinne die Rede sein kann. Der Vernichtungskrieg der Feinde und ebenso der Nässe, Kälte u. dergl. gegen die Eier muss alsdann eine eigenthümliche Wirkung auf dieselben haben. Es wird nämlich die Vernichtung die einzelnen Gelege nach Maassgabe einer Wahrscheinlichkeitsrechnung treffen, die zum Nachtheil derjenigen ausfallen muss, die am wenigsten Widerstandsfähigkeit gegen Nässe, Kälte, überhaupt gegen äussere Einflüsse besitzen, oder die am meisten die Blicke der Feinde durch abstechende Färbung auf sich lenken. Die in diesen Beziehungen vortheilhafter ausgestatteten dagegen werden mehr Chance zum Ueberdauern haben. Es ist die individuelle Variabilität, die diesen Vortheil des einen Geleges vor dem anderen bewirkt. Hat z. B. von zwei oder mehreren Enten oder Tauchern derselben Art das Gelege des einen Weibchens eine etwas fettere Oberhaut, so erwächst ihm daraus ein Vortheil, durch grössere Widerstandsfähigkeit gegen die Nässe. Oder angenommen es hat von Hühnervögeln das eine Weibchen die individuelle Eigenthümlichkeit dunklere Eier zu legen, so werden diese vor helleren Gelegen den Vortheil haben, von den Feinden eher unbemerkt zu bleiben.

Bei allen Organismen müssen die individuellen Vorzüge (bedingt durch Variabilität) und der Vernichtungskrieg der äusseren Verhältnisse dasselbe Resultat haben, nämlich ein Ueberleben des Passenderen; jedoch nur dann, wenn die beiden genannten Factoren wirklich in Wechselwirkung treten, nämlich wenn die Organismen der Selbsterhaltung überlassen sind; denn wo keine Selbsterhaltung nöthig ist, da kann weder der individuelle Vortheil zur Geltung kommen, noch der Vernichtungskrieg wirken, und auch von keinem Ueberleben des Passenderen die Rede sein.

Die Folge dieses **Ueberlebens** des **Passenderen** ist ein **Kampf gegen Seinesgleichen**, eine Concurrenz der Individuen, die aber ohne weitere Folgen bliebe, wenn sie nicht durch ein zweites hinzukommendes Moment nicht nur verstärkt, sondern namentlich auch **wiederholt** würde. Es ist die starke **Vermehrung** der Organismen, die in Gemeinschaft mit der Concurrenz der Individuen ein **wiederholtes Ueberleben des Vollkommneren** bewirkt.

Hatten wir den Kampf gegen Seinesgleichen als nothwendige Folge physikalischer und chemischer Ursachen (durch individuelle Variabilität und Vernichtungskrieg) kennen gelernt, so müssen wir auch die Vermehrung auf ihre ersten Ursachen zurückführen. Die **Vermehrung** der Organismen ist die Folge der **Fortpflanzung**[1], diese aber ist nichts Anderes als **Wachsthum des Individuums über seine Individualität hinaus**: Wachsthum ist **Ernährung** mit Massenzunahme, und die Ernährung beruht auf **Stoffwechsel**, der, wie wir oben sahen, eine Folge der chemischen Eigenschaften des Kohlenstoffs ist. Der Stoffwechsel ist zugleich der Grund des **Selbsterhaltungstriebes** aller Organismen (von dem man freilich nur bei Thieren spricht, der aber den Pflanzen ebenso gut zukommt); denn bei unterbleibender Zufuhr neuen Nahrungsstoffes steht der Stoffwechsel nicht still, sondern schreitet auf Kosten des Organismus selbst fort und erzeugt im Organismus den Zustand, den wir Hunger oder Durst nennen. Statt der **Selbsterhaltung**, die bei unserer Erklärung ein Hauptagens zur Geltendmachung individueller Vortheile ist, führt die Teleologie ein **voraus bestimmtes Ziel** als Ursache ein, also eine **äussere** Ursache statt einer **inneren**. Trotz dieses Missgriffs aber nähert sie sich unserem Erklärungswege sehr, wenn sie diese Ursache an **dieser** Stelle einführt und nicht, wie es früher ab und an geschah (z. B. von GLOGER), an Stelle der **Anpassung**.

[1] Wo die Fortpflanzung zahlreiche Individuen auf einmal producirt, da genügt eine **einmalige** um **Vermehrung** zu bewirken (wie wir das z. B. bei den meisten Insecten sehen), wo aber nur ein oder zwei Individuen von je zwei Eltern producirt werden, da kann nur eine **wiederholte** Fortpflanzung eine wirkliche Vermehrung zur Folge haben.

Das wiederholte Ueberleben des Passenderen, das wir als nothwendige Folge der Vermehrung und Concurrenz der Individuen constatirt hatten, könnte nun weiter keine Wirkung auf die divergirenden Formverhältnisse oder Arten, Varietäten etc. der Organismen haben, wenn nicht ein mächtiges Agens in einem längst erkannten Naturgesetz, in dem der **Vererbung** hinzukäme.

Zunächst müssen wir die **Vererbung** oder **Erblichkeit der Merkmale**, auf ihre Ursachen zurückführen. Da jedes Atom jede Zelle des Organismus nur Gleichartiges aus dem Ernährungsstoff assimilirt, wird auch das Wachsthumsproduct ein gleichartiges[1] sein, und wächst der ganze Organismus über die Grenze der Individualität hinaus, so muss sein Wachsthumsproduct ebenfalls ein gleichartiges sein, d. h. dieselben Formen und Eigenschaften erhalten, soweit dieses bei der individuellen Variabilität möglich ist. Wachsthum über die Individualität hinaus, oder Fortpflanzung, schliesst also nothwendig **Uebertragung der Eigenschaften und Formen**, oder **Vererbung der Charaktere** ein. Die Erblichkeit ist somit ein Gesetz, das durch die **stoffliche Continuität zwischen elterlichem und kindlichem Organismus** erklärt wird und seine letzte **Ursache in der Assimilation oder dem Stoffwechsel der organischen Substanz findet**, den wir als **chemischen Process** kennen. Die Formen und Eigenschaften der Thiere und Pflanzen hat man von jeher als der Vererbung unterworfen betrachtet, anders aber ist es mit den Schalen der Vogeleier, die nur ein zeitweiliger Schutzapparat des werdenden Individuums, nicht den übrigen Merkmalen desselben gleich gestellt werden dürfen. Um so einfacher aber sind ihre Eigenschaften als **ererbte** zu erklären, wenn wir sie nicht als integrirenden Theil des neuen Organismus, des Eies, sondern als Absonderungs-Product des **mütterlichen Eileiters** betrachten. Dass sie dieses aber in der That sind und auf welche Weise sie in mechanischem Causalnexus mit den Eigenschaften des Eileiters stehen, haben wir in dem ersten Theil dieser Abhandlung gesehen.

---

[1] NB mit der auf pag. 31 angegebenen Beschränkung des Begriffs »gleich«.

Können also auch die Eigenschaften einer Eierschale nicht direct vererbt werden, so werden doch die Eigenschaften des Eileiters, der sie producirte, auf das von ihr umschlossene werdende Individuum mit vererbt, und führen später zur Production gleichartiger Schalen [1]). Wir sehen daher die Erblichkeit der Charaktere bei den Eiern eine ebenso grosse Rolle spielen, als bei den entwickelten Organismen, wobei wir nur nicht vergessen dürfen, dass sie sich eigentlich nur auf die betreffenden Eileiter bezieht. Die jungen Enten, die aus einem Gelege mit fetterer Oberhaut der Eischale hervorgehen, müssen auch den Eileiter des mütterlichen Organismus, mit der Eigenschaft, eine fettere Oberhautschicht zu produciren, erben; doch erben sie diese Eigenschaft nicht alle in gleichem Maasse, sondern zeigen dabei wiederum angeborene individuelle Unterschiede, die bei ihrer Fortpflanzung auf ihr Gelege übergehen müssen, dadurch wiederholt sich das geschilderte Ueberleben des Passsenderen; jedoch zugleich findet eine wiederholte Vererbung dieser grösseren Vollkommenheit statt, und dadurch entsteht, bei häufiger Wiederkehr dieses Vorganges, eine Vermehrung derselben, eine Häufung der sie bedingenden Eigenschaften oder Merkmale. Durch die geschilderten Ursachen einer solchen Häufung der Merkmale, die bekanntlich nach DARWIN mit dem gemeinsamen Namen der Naturzüchtung (natural selection) [2]), bezeichnet werden, ist es klar, dass nur solche Merkmale zur Häufung gelangen können, die für die Lebensverhältnisse der betreffenden Lebeform passend sind, und dass ihre Häufung eine Anpassung an die letzteren zur Folge haben muss.

Wenn eine Anpassung an die äusseren Verhältnisse, oder genauer »gegen die äusseren Einflüsse,« eine nothwendige Folge

---

[1]) Entweder direct, wenn das neue Individuum ein ♀, oder eine vielleicht auch mehrere Generationen latent bleibend, wenn das neue Individuum ein ♂ und seine Descendenten wiederum ♀ sind.

[2]) BRONN übersetzte zuerst »natürliche Züchtung«, später wurden die Benennungen »natürliche Zuchtwahl«, »natürliche Auswahl«, »Auslese der Natur« angewandt, doch scheint mir keiner so passend als der oben angeführte.

des Kampfes gegen Seinesgleichen und der Vererbung der Merkmale ist, so muss sie, da wir die beiden letztgenannten Momente bei den Vogeleiern gefunden haben, ebenfalls bei diesen nachzuweisen sein. Das ist nun in der That in hohem Grade der Fall, und zwar am auffälligsten in folgenden 4 Punkten.

1. Untersuchen wir zunächst in dieser Beziehung die Grösse der Eier. Wir sahen schon oben, dass die Grösse sich nicht nur nach der Grösse des Vogels, sondern namentlich darnach richtet, ob die Jungen nackt oder befiedert, unausgebildet oder zum Laufen, Schwimmen und Fressen fähig zur Welt kommen. Man hat auf diese zwei verschiedenen Entwickelungsformen die Haupteintheilung der Vögel gründen wollen und diese in »Nesthocker« und »Nestflüchter« getrennt. Die Nesthocker haben nun stets verhältnissmässig viel kleinere Eier als die Nestflüchter. Eine Taube ist z. B. an Körperbau etwa ebenso gross als Uria Grylle, ihre Eier sind viel kleiner; denn die der letzteren haben etwa die Grösse von Hühnereiern; eine Krähe legt kleinere Eier als die viel kleinere Doppelschnepfe (Ascalopax major); das Ei des Schwarzspechtes (Picus Martius) ist nicht grösser als das eines kleinen Regenpfeifers. Die Grösse, die das sich entwickelnde junge Individuum noch innerhalb des Eies erreicht, muss für letzteres ein Verhältniss werden, an welches eine Anpassung nothwendig ist, denn zu wenig Eiweiss um den Dotter und eine zu kleine Schale stören den Embryo ebenso in seiner Entwickelung, als zu viel Eiweiss und eine zu grosse Schale seinem rechtzeitigen Ausbrechen hinderlich sein wird. Die Grösse und Ausbildung des Embryo's beim Auskriechen muss sich ebenfalls den Lebensbedingungen anpassen. Ein Nest voll junger Hühnchen, etwa von 20 jungen Rebhühnern (Perdix cinerea, die nicht laufen könnten, wäre, da es auf der flachen Erde steht und ganz unbedeckt ist, unfehlbar eine Beute der Raubthiere, auch könnten die Eltern unmöglich die gehörige Nahrung herbeischaffen. Es müssen daher bei allen Vögeln, die vorzugsweise an der Erde leben und hier laufend ihre Nahrung suchen, oder die den grössten Theil ihres Lebens im Wasser zubringen, die Jungen in einem gewissen Grade von Selbstständigkeit das Ei verlassen, wäh-

rend die in der Luft fliegend oder auf Bäumen kletternd Lebenden Jungen in sehr hülfsbedürftigem Zustande produciren, die nicht früher laufen können als bis auch ihr Flugvermögen ausgebildet ist. Wir sehen also auch hierin eine Anpassung an die Lebensverhältnisse, die in zweiter Instanz die Grösse der Eier bedingt; zugleich aber werden diese auch direct von den Lebensbedingungen des elterlichen Organismus beeinflusst. Ein Raubvogel z. B. der den grössten Theil des Tages fliegend zubringt und grosse körperliche Anstrengungen zu überstehen hat, kann kein so grosses Ei bei sich tragen, als ein schwimmender oder laufender Vogel; denn es würde ihn in der freien Bewegung hindern. Auch kann in ihm, bei dem stärkeren Verbrauch von Stoff durch die angestrengte Muskelthätigkeit, so wie bei der spärlicher und mühsamer errungenen Nahrungsmenge, keine so starke und rasche Eiweisausscheidung stattfinden, als z. B. in einem Huhn oder einer Ente, und seine Eier sind daher nicht nur verhältnissmässig klein, sondern namentlich auch sehr wenig zahlreich. Noch mehr müssten die kletternden Vögel, namentlich die Spechte, durch ein grosses Ei in der freien Bewegung behindert werden, und in der That legen sie verhältnissmässig noch kleinere Eier als die Raubvögel. Am auffallendsten ist das Missverhältniss zur Körpergrösse jedoch bei den Eiern des Kuckucks. Bei diesem Vogel kommen mehrere eigenthümliche Verhältnisse zusammen, denen die Grösse seiner Eier angepasst zu sein scheint. Zunächst hat der Magen, in Folge der voluminösen, zum grossen Theil aus behaarten Raupen bestehenden Nahrung, eine ungemeine Grösse erreicht, die die Grösse des Eies im Eihälter direct beeinflussen muss[1]). Zugleich aber hindert der grosse Magen (und vielleicht kommen andere Verhältnisse noch hinzu) die Entwickelung der Eier im Eierstock, so dass der Kuckuck ungefähr nur alle 6 bis 8 Tage ein Ei legt. Dieses Verhältniss, das der Grösse des Magens und somit indirect der Nahrung angepasst scheint, hat eine Reihe noch

---

[1]) Diese wird vielleicht zugleich durch geringe Eiweissabsonderung beschränkt; wenn letztere aber auch die langsame Entwickelung der Eier bedingen soll, wie Dr. Opel a. a. O. meint, so müsste die Verzögerung innerhalb des Eileiters stattfinden, was, soviel mir bekannt, noch nicht nachgewiesen ist.

complicirterer Anpassungen zur Folge, zu deren Endresultaten nicht nur, wie wir später sehen werden, die eigenthümliche Färbung, sondern auch die merkwürdige **Kleinheit der Kuckukseier** zu rechnen ist[1]). Das Legen von 5 bis 6 Eiern nimmt beim Kuckuck einen Zeitraum von 30 bis 40 Tagen in Anspruch, so dass er, die Brütezeit von 15 Tagen hinzugerechnet, 39 bis 55 Tage brüten müsste, um alle Jungen auszubringen. Es ist daher nur eine **Anpassung an seine sich langsam entwickelnden Eier**, wenn er diese nicht mehr selbst ausbrütet, sondern sie einzeln in verschiedene gerade mit frischen Eiern versehene Nester anderer Vögel legt. Wir müssen uns dabei vorstellen, dass er einst selbst brütete, dass darauf, etwa durch Zunahme seiner haarigen voluminösen Nahrung, seine Eier einen langsameren Entwickelungsgang bekamen, wodurch seine Brütezeit ausgedehnt wurde, und zwar dergestalt, dass das Legen des letzten Eies mit dem Auskriechen des ersten zusammenfiel; diese Ausdehnung aber wuchs immer mehr, so dass zuletzt die ersten Jungen beim Ausschlüpfen der letzten schon 21 bis 40 Tage alt also schon flügge gewesen wären, wenn der Kuckuck seine Eier (anfangs vielleicht nur die letzten?) nicht nothgedrungen in fremde Nester gelegt hätte. Der eben geschilderte Uebergang von einem brütenden zu einem nicht brütenden Vogel, den wir uns allerdings so vorstellen müssen (wo der Grund des Nichtbrütens in langsamer Eierentwickelung zu suchen ist)[2], wenn wir den Vorgang der Anpassung durch Naturzüchtung erklären wollen, — dieser Uebergang kann allerdings an unserem Cuculus canorus nicht mehr nachgewiesen werden, denn schon vor ARISTOTELES brütete er nicht mehr selbst, und jene Zwischenstufe des **gleichzeitigen Legens**,

---

1) Ueber diesen Gegenstand hat namentlich GLOGER ausführliche und höchst interessante Abhandlungen geliefert, und zwar in folgenden Artikeln: 1) »Hauptsache und Nebensächliches an der Fortpflanzungsgeschichte der kuckucksartigen Vögel«. Journal für Ornithologie I p. 352. 2) »Die Nesterwahl unseres Kuckucks«. Ebend. I p. 401. 3) »Ein seltsamer Zug in der Fortpflanzung der amerikanischen Kuckucke«. Ebend. II p. 219. 4) »Einzelnes zur Fortpflanzungsgeschichte unseres Cuculus canorus«. Ebend. II p. 232. 5) »Das geschlechtliche Verhältniss bei den nicht selbst brütenden Vögeln«. Ebend. II p. 137.

2) Wir werden später sehen, dass bei anderen Vögeln dasselbe Verhältniss von anderen Gründen abhängig ist.

Brütens und Fütterns ist daher auch an ihm nie beobachtet worden.
Den Gegnern der Transmutationstheorie wird dieser Umstand wahrscheinlich genügen um den ganzen geschilderten Uebergang mit sammt den angenommenen Zwischenstufen für eine »grundlose Hypothese« zu erklären, »die aller Wahrscheinlichkeit entbehre.« Für uns aber hat diese Hypothese eine sehr grosse Wahrscheinlichkeit, die deutlich hervortritt, sobald man nur die Thatsache berücksichtigen will, dass jene für unseren Kuckuck so »unwahrscheinliche« Zwischenstufe bei zweien seiner amerikanischen Vettern unumstösslich nachgewiesen ist. Folgende Thatsachen werden dieses feststellen. AUDUBON berichtet in den Nachträgen zu seiner »Ornithological Biography« (1839)[1], dass er im Jahre 1837 ein Nest des Coccystes americanus (im. gefunden, welches 2 schon fast flügge und 3 kleinere Jungen von verschiedenem Alter enthielt, von denen das jüngste nur einige Tage alt war, ausserdem aber noch 2 Eier, deren eines dem Auskriechen nah, das andere aber erst kürzlich gelegt war. Dasselbe Paar alter Vögel hatte in einem früheren Jahre, wie Herr RUETT ihm versicherte, nach und nach 11 junge Kuckucke ausgebrütet und gross gezogen. Dasselbe Verhältniss hat später Dr. BREWER[2], von AUDUBON dazu aufgefordert, sowohl für den Coccystes americanus bestätigt, als auch für den Coccystes dominicus L. (erythrophthalmus Bonap.) festgestellt, und zugleich die Bemerkung hinzugefügt, dass beide Arten in Massachusetts brüten und in manchen Jahren zahlreicher seien als in anderen. Nach dieser wechselnden Häufigkeit kann man schliessen, dass ihre Vermehrung in starker Abhängigkeit von ihrem Futter stehe; der Umstand aber, dass AUDUBON (gleich allen seinen Vorgängern auf dem Gebiete Nordamerikanischer Ornithologie) noch bis zum Jahre 1827, wo der erste Band seines Werkes gedruckt wurde, nichts über diese sonderbaren Brutverhältnisse beobachtet hatte, und sie wie die aller übrigen Vögel schildert, berechtigt sehr zu der Vermuthung,

1. Vergl. GLOGER l. c. II p. 223.
2 In einer brieflichen Mittheilung an AUDUBON Ornitholog. Biography Vol. V p. 520.

dass das gleichzeitig fortgehende Legen, Brüten und Füttern der Nordamerikanischen Coccystes-Arten hauptsächlich nur in manchen Jahren, oder vielleicht seit einer gewissen Reihe von Jahren, oder auch zeitweise in manchen Gegenden stattfinde, und zwar wenn es gerade recht viel behaarte Raupen giebt[1]). Die der langsamen Eierentwickelung unseres Cuculus canorus zunächst folgende Anpassung wäre also die Benutzung fremder Nester zur Ablegung der Eier. Jetzt kommt der Umstand hinzu, dass, bei der späten Ankunft des Kuckucks in Europa, sämmtliche Vögel von seiner Körpergrösse bereits brüten, bei der Reife seiner letzten Eier aber schon Junge haben. Er kann sich also nur die Nester der spätbrütenden kleinen Singvögel zu seinem Zweck aussuchen, denn nur zu frischen Eiern darf er sein Ei legen, wenn es mit ausgebrütet werden soll. Zugleich aber wurde ein grösseres Ei als das der Pflegeeltern nur schwer in so kurzer Zeit ausgebrütet als kleine Vögel für ihre Brut gebrauchen, und es erfolgte daher als zweite Anpassung die Kleinheit der Kuckukseier, welche die ihrer Pflegeeltern nur wenig an Grösse übertreffen. Die Kleinheit der Eier scheint aus dem Grunde namentlich mehr durch diese Anpassung in zweiter Linie bedingt zu sein, als direct durch den grossen Magen oder die Nahrung, weil der Straussenkuckuck (Oxylophus glandarius), der seine Eier keinen kleineren Vögeln anvertraut, auch keine kleineren Eier legt, als seiner Körpergrösse angemessen[2]). Nach A. Brehm's Entdeckung[3]) nämlich legt er in Egypten in's Nest der Krähe (Corvus cornix). Auch die beiden besprochenen Coccystes-Arten Nordamerikas haben trotz der Nahrung Eier von angemessener Grösse.

Während bei den nicht selbst brütenden Kuckucksarten der alten Welt die langsame Entwickelung der Eier im Eierstock als Grund des Nichtbrütens anzusehen ist, sehen wir beim nordamerikanischen Kuhfinken (Molothrus pecoris Gm.) dieselbe Erscheinung durch ganz andere

[1] Vergl. Gloger 1. c. II p 222.
[2] Körper- und Eiergrösse sind etwa der unserer Elster gleich.
[3] »Zur Fortpflanzungsgeschichte des Cuculus glandarius« von A. Brehm, Journal für Ornithologie I p. 111.

Gründe bedingt. Derselbe führt nämlich ein beständiges Wanderleben, so dass er zum Brüten keine Zeit hat.

2. In Bezug auf die Dicke der Schale lassen sich ebenso Anpassungen an die äusseren Verhältnisse nachweisen, wie wir es eben in Bezug auf die Grösse gethan. Nicht die grösseren Eier sind immer die dickschaligeren, sondern es kommt darauf an, unter welchen Verhältnissen die Ausbrütung vor sich geht, ob die Unterlage hart, ob Einwirkung von Kälte und Nässe vorhanden u. s. w. Die Wasservögel haben im Allgemeinen dickere Eierschalen, als die Landvögel, und von diesen haben die in Höhlen, auf weichem Nest brütenden Vögel dünnschaligere Eier als die offen brütenden. Hirundo riparia z. B. hat eine viel dünnere Eischale als Hir. rustica, die der Spechte sind dünner als die der Drosseln, und die in Höhlen brütenden Eulen haben dünnere als die entsprechend grossen Tagraubvögel. Die Schwimmvögel haben oft sehr dicke Schalen, bei denen dann eine sogenannte Schwammschicht hinzukommt; so der Pelikan, der Tölpel. Es ist klar, dass den Eiern aller Strandbewohner die dickere Schale von grossem Nutzen sein muss, da sie öfters Wind und Wetter, oder auch starkem Sonnenschein ausgesetzt sind; denn die Strandvögel verlassen ihre Eier oft stundenlang. Ein möglichst dicker schlechter Wärmeleiter muss in solchem Falle den Embryo vor zu starker Abkühlung durch Wind und Regen, zugleich aber auch vor zu starker Erhitzung durch die Sonne und vor zu schneller Verdunstung des Eiweisses schützen. Bei den geschützt brütenden Vögeln, deren Eier keinem solchen Temperaturwechsel ausgesetzt sind, wäre ein schlechter Wärmeleiter als Umhüllung des Embryo's, der Einwirkung der Brutwärme nur hinderlich. Daher die dünne Schale der Höhlenbrüter. Wo endlich der Temperaturwechsel ganz aufhört und auch kein Druck der brütenden Eltern eine gewisse Stärke der Schale erfordert, sehen wir diese ganz besonders dünn und zerbrechlich; so z. B. bei den Eiern von Leiopa ocellata, die dieselben in Haufen von faulenden Vegetabilien verscharrt, durch deren Wärme sie ausgebrütet werden[1]).

1) Vergl. Froriep's Tagesbericht 1842 Nr. 160 Leuckart l. c. p 893).

3. Einen ähnlichen Vortheil, als die Dicke der Schale, wird in den meisten Fällen eine ausgebildete Oberhautschicht gewähren[1]. Wir sahen schon oben, dass sie bei den entenartigen Vögeln mit flüssigem Fett imprägnirt ist. Diese Vögel haben nämlich die Gewohnheit, wo sie frei nisten, ihre Eier beim Verlassen des Nestes mit Nestmaterial zu bedecken, das oft sehr nass sein wird; eine fettige Oberhaut ist also als Anpassung an dieses Verhältniss zu betrachten. Die Podiceps-Arten haben schwimmende Nester und bedecken ihre Eier mit ganz nassem Material; die oben beschriebenen[2] siebartigen Verschlüsse der Poren von Podiceps minor sind daher ebenfalls eine höchst vortheilhafte Anpassung. Ebenso die von NATHUSIUS beschriebenen Porenverschlüsse bei Meleagris Galloparo, die sich wie Ventile bei Feuchtigkeit schliessen und bei Trockenheit wieder öffnen.

4. Fiel es uns nicht schwer in der Grösse der Eier, in der Dicke der Schale und in der Beschaffenheit der Oberhaut offenbare Anpassungen an die äusseren Verhältnisse aufzufinden, so ist es erst recht leicht diese in der Färbung der Eier nachzuweisen. Die Färbung der Eier kann diesen keinen anderen Nutzen bringen als einen Schutz vor den Blicken der Feinde, sie ist daher auch stets eine sympathische, wie DARWIN sie nennt, d. h. mit der Umgebung übereinstimmende. GLOGER hat dieses Factum bereits vor 40 Jahren erkannt und nachgewiesen. Nur wo den Eiern von Seiten der Eltern oder durch die Verborgenheit des Nestes gehöriger Schutz zu Theil wird, fehlt die sympathische Färbung derselben[3]. In allen anderen Fällen ist sie vorhanden, und zwar um so vollkommener, je mehr die Eier ihrer Selbsterhaltung überlassen sind. Am auffallendsten ist die sym-

---

[1] Den schädlichen Einfluss der Feuchtigkeit auf die Bildung des Embryo, durch Pilzbildung hat Dr. HARLESS (Zeitschrift f. wiss. Zool. III. p 308 durch Experimente nachgewiesen.

[2] Siehe pag. 36.

[3] Ueber die »sympathische Farbenwahl« oder »gleichfarbige Zuchtwahl« Selectio concolor) der Thiere vergl. ausser DARWIN (Die Entstehung der Arten) namentlich HAECKEL (Gener. Morph. II p. 241—243 ; sehr schön zeigt sich die Selectio concolor in der krystallhellen Durchsichtigkeit gewisser Formen der pelagischen Fauna.

pathische Färbung bei den Eiern der Tringa- und einiger Charadrius-Arten, die gar kein Nest bauen, sondern ihre Eier in eine kleine Vertiefung des Sandes zwischen Gras und Steinchen legen. Dieser Umgebung sehen die Eier so ähnlich, dass man sie kaum entdecken kann, und bisweilen fast auf sie tritt, ohne sie zu sehen. Ebenso täuschend ähnlich sind die Eier der Sandhühner Pterocles) der Vertiefung, in der sie liegen, und die Eier der Moor- und Waldhühner dem trockenen Moose und dem Laube, aus dem das künstliche Nest besteht, und mit dem sie zum Theil bedeckt werden. Das dunkle Ei des Colymbus arcticus liegt auf einer ebenso dunklen Unterlage des moorigen Ufers, auf dem er dicht am Wasser nistet, und die grünen Eier der Numenius-Arten stechen von dem grünen Grase, zwischen dem das Nest liegt, gar nicht ab. Eine der complicirtesten Anpassungen sehen wir bei den Eiern des Kuckucks. Diese sind nämlich stets den Eiern der Pflegeeltern ähnlich gefärbt [1]), und bisweilen in solchem Grade, dass ein Nichtkenner sie nicht abweichend findet. Diese Thatsache hat schon manche Erklärung hervorgerufen, und Herr Kunz meinte gar [2]), der Anblick der im Neste liegenden Eier bringe im Kuckucksweibchen solche Gemüthsbewegungen hervor, dass sich sein Ei beim Legen in der Kloake ebenso färbe. Als Grund für diese merkwürdige Behauptung wurde der Umstand angesehen, dass der Kuckuck nicht stets dieselbe Vogel-Art zum Zweck des Eierlegens aufsucht, sondern sehr verschiedene der kleinen Sänger, so dass seine Eier ebenso mannichfaltig gefärbt sind. In der That, wenn man z. B. die 16 Abbildungen ansieht, die Baldamus in der Naumannia 1854 auf einer Tafel zusammenstellt, so sollte man nicht glauben, dass sie einer und derselben Art angehören, nämlich dem Cuculus canorus, so verschieden sind sie von einander. Es

---

[1]) Dass sie ihnen nicht ganz gleich gefärbt sind, versteht sich von selbst, kann aber nicht als Beweis gegen die ganze Thatsache angeführt werden, wie neuerdings Rowley (Ibis 65 u. Journ. f. Ornithol. 66) und A. Müller Zoolog. Garten 67) es gethan haben, ebensowenig als die nicht seltenen Ausnahmen von der Regel, die für uns den Beweis liefern, dass das legende Kuckucksweibchen kein passendes Nest für sein Ei finden konnte und in das einer anderen Sänger-Art zu legen gezwungen war.
2. Naumannia I p. 51

liegen eben 15 verschiedene sympathisch gefärbte Anpassungen an die Eier ebenso vieler verschiedener Vogelarten vor, nämlich an die von Lusciola rubecula, Ruticilla Phoenicurus, Sylvia hortensis, atricapilla, cinerea und nisoria, Ficedula hypolais, Calomoherpe arundinacea und palustris, Pratincola rubetra, Motacilla alba, Budytes flava, Anthus arboreus, Alauda arvensis und Lanius collurio[1]). Das Vortheilhafte bei dieser sympathischen Färbung ist einerseits in dem Schutz, den das ganze Gelege vor Thieren und Menschen hat, und der durch ein grell abweichendes Ei gestört würde, zu suchen, andererseits aber gewiss auch in der leichteren Beruhigung der Pflegeeltern über den fremden Eindringling, wie GLOGER zu schlagend nachgewiesen hat, wenn auch die Experimente der Herren ROWLEY und A. MÜLLER, Vögel auf fremden Eiern oder auf Steinen brüten zu lassen, hin und wieder gelingen mögen. Nach dem, was wir im ersten Theil dieser Abhandlung über die Eibildung der Eierschale und ihres Pigmentes kennen gelernt, versteht es sich eigentlich von selbst, dass ein und dasselbe Kuckucksweibchen nicht so abweichende Eier legen kann, sondern den seinem Eileiter angemessenen Typus einhalten muss. Dennoch sei bemerkt, dass BALDAMUS diesen Gegenstand sehr gründlich behandelte, dass er sich die Mühe gab, die KUNZE'sche Hypothese zu widerlegen[2]), und endlich durch Beobachtung nachgewiesen hat[3]), dass »jedes Kuckucksweibchen nur Eier von bestimmter, den Eiern irgend einer Sängerart entsprechender Färbung, der Regel nach in deren Nester, legt, und nur in andere, wenn zur Zeit der Legereife ein in jeder Beziehung passendes

---

[1]) Naumannia 54 p. 415.
[2]) Dass man ihm dennoch gerade den von ihm bestrittenen Unsinn in die Schuhe schieben will, wie Herr Oberförster A. MÜLLER a. a. O. p. 377 thut, indem er von einem »Vermögen« des Kuckucksweibchens seine Eier zu »moderiren« spricht, geht über die Grenzen einer ehrlichen Polemik und kann nur durch die vollständige Unkenntniss mit BALDAMUS' Arbeiten, die Herr M. auf der Seite vorher zugesteht, motivirt, nicht aber entschuldigt werden.
[3]) Naumannia 53 p. 321 u. 325. Es werden daselbst 28 Vogelarten aufgeführt, in deren Nestern in Europa Kuckuckseier gefunden wurden. Nähme man Asien hinzu, so würde die Zahl noch bedeutend wachsen.

der entsprechenden Art nicht vorhanden ist«[1]. Der Schluss dieses Satzes erklärt uns zugleich, warum unser Kuckuck so verschiedene Vögel mit seinem Ei beehrt, und auf welche Weise die Entstehung einer neuen Anpassung zu denken ist; denn dass dem Kuckucksweibchen nicht selten ein in jeder Beziehung passendes Nest seiner »sympathischen Art« zum Ablegen seines Eies fehlen muss, steht nach den vielen Bedingungen, die, wie Gloger[2] gezeigt hat, zur Tauglichkeit eines Nestes für den Kuckuck erforderlich sind, fest. Es haben sich unter den zahlreichen Individuen des Kuckucks in Europa verschiedene Racen gebildet, deren Unterschiede nur im Eileiter und somit in der von diesem producirten Eischalenfärbung liegen. Weiter geht der Unterschied nicht; denn das Korn der Kuckuckseier ist nach Thienemann immer gleich. Die Racen der Kuckucke sind sogar theilweise lokal beschränkt, wenn auch nicht ganz, so doch in Bezug auf die Häufigkeit. In England z. B. ist die Race am häufigsten, welche den Accentor modularis zum Ausbrüten wählt; in Deutschland dagegen werden hauptsächlich die Rohrsänger und Grasmücken-Arten vom Kuckuck heimgesucht. Der Grund zu diesen verschiedenen Wahlen ist in der relativen Häufigkeit dieser Arten in den verschiedenen Gegenden Europas zu suchen[3].

Nachdem wir somit die Anpassung an äussere Verhältnisse bei den Eiern der Vögel nachgewiesen haben, können wir den Vorgang weiter verfolgen. Zunächst ist es klar, dass eine Fortsetzung der Anpassung an und für sich noch keine Umwandlung der Art zur Folge zu haben braucht; denn fortgesetzt muss sie werden, um erhalten zu bleiben. Gleich wie der Stoffwechsel, der zur Entstehung eines neuen Individuums geführt hat, nicht aufhört, sondern fortwirken muss, um das Individuum zu erhalten, ebenso muss die einmal hervorgebrachte Anpassung durch stetig fortgesetzte Naturzüchtung erhalten werden, um keine Rückbildung zu erleiden. So

---

[1] Dasselbe ist wiederholt im Zoolog. Garten 67 p. 196.
[2] »Die Nesterwahl unseres Kuckuk's« Journal f. Ornithol. I p. 101. »Einzelnes zur Fortpflanzung des Kuckuks«. Ebend. II p. 232.
[3] Vergl. Gloger »Einzelnes zur Fortpfl. uns. Kuckuks« l. c. II p. 210.

erhält die Naturzüchtung unter gewissen Umständen, durch Vertilgung der abweichenden Formen, eine Art unverändert, mit andern Worten sie bewirkt Stabilität der Arten, nämlich in allen den Fällen, wo eine vollständige Anpassung an die Verhältnisse erfolgt war, und zwar so lange als in diesen Verhältnissen keine Aenderung eintritt. Ein Beispiel dieser conservativen Wirkung der Naturzüchtung ist bereits berühmt geworden durch die Beharrlichkeit, mit der es als Beweis gegen die Naturzüchtung angeführt wird. Es ist dieses die Unveränderlichkeit des Ibis in Egypten seit einigen tausend Jahren. Noch schönere Beispiele lassen sich in der Palaeontologie auffinden, wo wir nicht selten dieselbe Thierform unverändert in verschiedenen geologischen Schichten finden, deren Abstand von einander der Zeit nach auf mehr als ein paar tausend Jahre zu berechnen ist. Dass aber nicht etwa blosse Erblichkeit, wie man gewöhnlich annimmt, dazu gehört, um eine Art unverändert zu erhalten, sondern eine wirkliche fortgesetzte Naturzüchtung, sehen wir deutlich aus den Fällen, in denen durch blosses Aufhören der letzteren eine Veränderung des Organismus eintritt, die aber dann nicht fortschreitend, d. h. vortheilhaft, sondern rückschreitend ist. Als Beispiel können die blinden Höhlenthiere dienen, deren Sehorgane beim Mangel der fortgesetzten Naturzüchtung ganz oder theilweis verkümmert sind, und deren Körperfärbung fast ganz geschwunden ist, ohne dass den Thieren irgend welcher Nachtheil erwachsen konnte. Weniger schlagend sind die Beispiele der vielfachen Rückbildung, die wir an parasitisch lebenden Thieren wahrnehmen besonders an den Schmarotzer-Krebsen), da hier öfters aus der Rückbildung zugleich eine Anpassung an die parasitische Lebensweise des Thieres zu erwachsen scheint. Die weisse Farbe der Eier des Haushuhnes ist vielleicht durch die aufgehobene Naturzüchtung bedingt; denn alle übrigen fasanartigen Hühner legen im wilden Zustande gefärbte Eier, also wahrscheinlich auch der Gallus Bankiva. Vielleicht spielt aber auch beim Haushuhn die übertriebene Zahl der Eier eine Rolle; denn es sollen auch wilde Vögel, denen mehrere Bruten hinter einander zerstört wurden, zuletzt blassere Eier legen.

Wir können also zwei Formen der Anpassung unterscheiden, eine **conservative** und eine **progressive**. Nur die letztere kann eine **Umwandlung** der Arten bewirken, und zwar kann sie nur dann eintreten, wenn eine **Veränderung der äusseren Lebensbedingungen eingetreten ist**. Diese Veränderung ist also eine nothwendige Bedingung für die Umwandlung einer Art, und kommt sehr häufig und in sehr vielfacher Weise vor: 1) Es kann eine Veränderung der Boden- und Lokalitätsverhältnisse eintreten, es können z. B. Seen entstehen und abfliessen[1], es kann das feste Land sich über das Meer erheben oder unter dasselbe sinken, es können Inseln entstehen und verschwinden, es kann der Salzgehalt eines Meeres ab- oder zunehmen, es können Lavaströme das Land bedecken, es können Gletscher vorrücken und sich zurückziehen, es können Gebirge durch Wasser und Luft zerstört werden, und ihr fortgespültes Material wird als Schwammland in den Ebenen aufgeschichtet, es können Moore entstehen und austrocknen, Wälder sich ausdehnen oder verschwinden u. s. w. 2) Hand in Hand mit diesen Bodenveränderungen gehen klimatische; wichtiger aber als beide sind 3) die Veränderungen in den **äusseren organischen Lebensbedingungen**, d. h. in den **Wechselbeziehungen** jedes Organismus zu anderen Organismen. Betrachten wir hier die Thiere allein, so kann a) eine Beschränkung der gewöhnlichen Nahrung eintreten und das Thier zwingen eine andere zu wählen; b) oder es kann eine Vermehrung der Feinde eine entsprechende Vermehrung des Schutzes gegen dieselben bedingen (z. B. sympathische Färbung); c) oder es erfolgt eine starke Vermehrung der Individuen und somit eine starke Verbreitung der Art über einen grösseren Länderstrich und auf andere Lokalitäten; d) oder das eine Geschlecht vermehrt sich vorwiegend, was eine **sexuelle Zuchtwahl** zur Folge hat, die Darwin in seinem Hauptwerk vortrefflich auseinandersetzt[2].

— Bei den vielfachen und oft sehr complicirten[3] Beziehungen der

---

[1] Ich erinnere an das merkwürdige periodische Verschwinden und Erscheinen des Aralsee's während historischer Zeiten.
[2] Siehe auch Haeckel Gen. Morph. p. 244—247.
[3] Sehr complicirt ist z. B. die Wechselbeziehung der Katzen in England zum rothen Klee, die Darwin beispielsweise angeführt hat; dieselbe jedoch noch weiter

Organismen zu einander sind die **Veränderungen** derselben unmöglich aufzuzählen, nur so viel steht fest, dass solche **sehr vielfach** und **sehr oft** eintreten müssen. So oft aber eine solche Veränderung in irgend einer äusseren Lebensbedingung einer Art eintritt, so erfolgt durch die Naturzüchtung eine Anpassung an das neue Verhältniss; oder mit anderen Worten, die **conservative Anpassung** wird zur **progressiven**, und bleibt die eingetretene Veränderung lange genug bestehen oder schreitet sie noch fort, so bewirkt sie, durch **viele Generationen** hindurch fortgesetzt, eine **Umwandlung der Art**. Wegen der nur geringen **durchaus nicht wahrnehmbaren** Umwandlung während **einer** oder **einiger** Generationen hört man bisweilen den Einwurf machen, dass man ja durchaus keine Umwandlung der Arten **sehen könne**. Dagegen möchte ich blos an den fallenden Wassertropfen erinnern, dessen jedesmalige Wirkung auf den Stein man **durchaus nicht wahrnehmen kann**, während man doch die Höhlung des Steines ohne Bedenken dieser **fortgesetzten Wirkung** zuschreibt.

Die Bedingungen, welche die **conservative** Anpassung in eine **progressive** verwandeln, sind, wie wir sahen, sehr mannichfaltig, allein die Einwirkung der letzteren würde, auch noch so lange fortgesetzt, dieselbe **nur umwandeln**, die Zahl sämmtlicher Arten aber **nicht vermehren**, wenn nicht an getrennten Lokalitäten für dieselbe Art **verschiedene** Verhältnissänderungen einträten und auf diesem Wege eine **Spaltung** derselben bewirkten. Ein vortreffliches Beispiel hierfür haben wir an den Eiern des Kuckucks. Die langsame Entwickelung derselben bewirkt eine Benutzung fremder Nester, die,

---

auf die Fleischproduction Englands auszudehnen, wie VOGT und HAECKEL (Gen. Morph. II p. 235) thun wollen, gestattet der Umstand nicht, dass weder die **Qualität** noch die **Quantität** des Klees von seiner **Fruchtbarkeit** abhängt, mit der allein die Katzen in Wechselwirkung stehen. Wären die **Saamen** des Klees das Futter für das Vieh oder bildete wildwachsender Klee die Nahrung desselben, dann wäre VOGT's Combination richtig; da aber sein **Kraut** verfüttert und er **gesäet** wird, so kann seine grössere oder geringere **Fruchtbarkeit** nur auf den **Preis der Kleesaat** von Einfluss sein, von dem aber kein englischer Landwirth das Quantum seiner Aussaat wird bestimmen lassen, selbst wenn die Saat vom Continente jährlich importirt werden müsste.

bisher durch conservative Anpassung, irgend wie constant gefärbten
Eier erhalten, durch progressive Anpassung, eine den Eiern der Pflegeeltern »sympathische Färbung«. Auf dieser Stufe ist der Cuc.
glandarius bis jetzt in Egypten stehen geblieben, unser Cuculus canorus
aber hat weiter eine Spaltung in mehrere sympathische Färbungen er-
fahren. Durch Mangel an Nestern nämlich der zuerst gewählten Art
kleiner Sänger[1], oder durch Verbreitung über einen grösseren Bezirk
Migration gezwungen, wählte der Kuckuck in verschiedenen
Gegenden verschiedene Sänger zu Pflegern seiner Brut, wodurch
seine Eier verschiedene sympathische Färbungen erhielten;
und durch die räumliche Sonderung konnten diese sich spaltenden Racen
des Kuckucks sich nicht wieder vermischen, sondern bildeten sich zu
festen Racen aus, die später auch an einem Orte zusammen vorkommen
können.

Diese nothwendige Bedingung für die Spaltung und somit für
die Vermehrung der Arten hat Moritz Wagner in seiner bereits erwähnten Schrift[2] vortrefflich auseinandergesetzt. Doch müssen wir
festhalten, dass die lokale Sonderung eben nur für die dichotomische Theilung der Arten eine conditio sine qua non ist[3];
dass aber die Umwandlung einer Art ohne gleichzeitige Spaltung sehr wohl ohne jede Absonderung erfolgen kann, sobald
eine Veränderung der Verhältnisse für sämmtliche Individuen der Art
eintritt. Darwin hat daher ganz Recht, die räumliche Sonderung
noch mehr aber die Migration) für die Umwandlung einer Art als
nicht nothwendig zu betrachten[4]), und M. Wagner hat ganz Recht.

---

1) Vielleicht war auch zuerst eine grössere Art die Pflegemutter des Kuckucks,
und wurde nur später aus Europa verdrängt.
2) »Die Darwin'sche Theorie und das Migrationsgesetz der Organismen«. Leipzig 1868.
3) Und zwar findet sie oft durch Umstände statt, die durchaus nicht an eine Migration erinnern. Passender wäre daher vielleicht diese Bedingung mit dem Namen
»Sectionsgesetz« zu bezeichnen, der nur auf die Verhinderung eines fortgesetzten
Vermischens hindeutete, die auch auf sehr beschränktem Raum stattfinden kann;
denn die Migration ist nur eine der Arten, auf welche eine Isolirung zu Stande
kommt.
4) Vergl. d. Vorwort zu M. Wagner's Schrift.

wenn er für die Entstehung der Arten, d. h. für ihre Vermehrung durch dichotomische Transmutation die Nothwendigkeit lokaler Absonderung betont.

Die lokale Absonderung kommt durch dieselben Veränderungen der äusseren Verhältnisse zu Stande, die eine progressive Anpassung hervorriefen, und ist somit ebenfalls direct von physikalischen Ursachen abhängig.

Wir sind hiermit beim Schluss unserer Erklärung der Mannichfaltigkeit der Organismen, und speciell der Eier, angelangt und konnten ihre Entstehung durch 15 Stufen bedingender Ursachen bis auf physikalische und chemische Vorgänge zurückführen, wobei wir bestrebt waren, aus empirisch gewonnenen Thatsachen durch Reflexion das Gesetz der Transmutation und der Naturzüchtung auf einem beschränkten Gebiet der Zoologie zu bestätigen. Möge es mir gelungen sein einen kleinen Beitrag zur neuen lebenskräftigen Richtung, welche die Zoologie der Gegenwart einschlägt, geliefert zu haben!

Die beifolgende tabellarische Zusammenstellung soll unseren Erklärungsweg übersichtlich machen und zugleich die Entwickelungsgeschichte dieser Erkenntniss darstellen. Man muss dabei streng unterscheiden zwischen Transmutationstheorie, deren erster Urheber GOETHE ist, Accomodationstheorie, als deren Begründer mit Recht LAMARCK gefeiert wird, Selectionstheorie, deren umsichtige Feststellung das unsterbliche Verdienst DARWIN's bleibt, wenn auch WALLACE dieselbe Idee zur selben Zeit aussprach, — und der Kohlenstofftheorie[1], durch deren Einführung in die Entwickelungsgeschichte HAECKEL die Zoologie um ein Bedeutendes dem von BAER bezeichneten Endziel näher gebracht hat. Jede dieser vier Theorieen kann für sich, unabhängig von den anderen, betrachtet werden, den-

---

[1] Diese Benennung rührt von einem Bekämpfer HAECKEL's, dem Physiker BAFF in Giessen, her, und wird von HAECKEL gern acceptirt, »da sie den Kern der Frage trifft«. In seiner Generell. Morph. hatte er sie »Monismus« genannt z. B. Bd. I p. 107.

noch hängen sie innig zusammen, und zwar so, dass jede folgende den Schlüssel zur Begründung der vorhergehenden enthält, ohne welchen diese in der Luft stehen würde. — Ehe die richtigen Schlüssel gefunden waren, wurden auch vielfach andere versucht —, die indess nicht mit allen Thatsachen in Einklang zu bringen waren und auch keine weitere Zurückführung gestatteten. Graf KEYSERLING's Erklärung der Transmutations- oder Descendenztheorie durch chemische Veränderung der Keime[1], stimmt nicht mit der Thatsache der Zweckmässigkeit aller Organe und mit der der individuellen Variabilität, und die Theorie des Botanikers NAUDIN, von der sich die des Prof. SNELL nicht wesentlich unterscheidet, läuft auf Finalität, d. h. auf nicht weiter erklärbare Vorausbestimmung hinaus. Alle teleologischen Erklärungen sind in derselben Lage, dass sie ein unerklärbares Agens als »erklärenden« Schlüssel einführen, nur thun sie es an verschiedenen Stellen[2], unserer vier Theorien. Indess dauerte es lange, bis die richtigen Schlüssel gefunden wurden: GOETHE fand den für die Transmutationstheorie nicht selbst, und LAMARCK hat es nicht einmal erlebt, dass der für die Accomodationstheorie von DARWIN entdeckt wurde; ebenso wenig hat DARWIN nach dem weiteren richtigen Schlüssel für die Selectionstheorie gesucht, was ihm von seinen Feinden (denen es eigentlich gleichgültig sein könnte) viel mehr verargt wird[3], als von seinen wirklichen Anhängern, denn es ändert an seiner Theorie und an seinem Verdienste gar nichts[4]. Die monistische

---

[1] Bulletin de la Soc. géologique, Tom. X p. 357.
[2] Vergl. p. 51.
[3] Hier sei z. B. des Doctor FRIEDRICH PFAFF, Professor nicht der Zoologie! in Erlangen, gedacht, der sich durch seine Broschüre »Die neuesten Forschungen auf dem Gebiete der Schöpfungsgeschichte« als einen der harmlosesten und naivsten Gegner DARWIN's documentirt.
[4] Ebenso wenig kann man es seiner Theorie zum Vorwurf machen, dass er nicht die letzten Consequenzen aus ihr zog. Dieser Vorwurf hat mit der Selectionstheorie gar nichts zu schaffen; denn ebenso wie Herr Professor BISCHOFF Unters. üb. d. Schädel d. Gorilla etc. p. 81, von KEPLER und NEWTON ausführt, hat auch DARWIN sich nicht mit der Entstehung in des Worts strenger Bedeutung der Arten und Gattungen beschäftigen wollen, als er die Ursachen und Formen ihrer Umwandlungsbewegungen erforschte, »und konnte also bei der Untersuchung letzterer sehr wohl von ersterer Frage absehen«. Die ganze

Methode war in der Physiologie bereits längere Zeit von mehreren Forschern auf die meisten Erscheinungen, namentlich die der Ernährung, der Muskel- und Nerventhätigkeit, angewandt worden, allein als Schlüssel zur weiteren Begründung der Darwin'schen Selectionstheorie hat sie erst Haeckel in seiner »Generellen Morphologie« mit allen Consequenzen und speciellen Durchführungen angewandt, die der »Kohlenstofftheorie« ihren bleibenden Werth sichern. Wenn diese weitere Begründung nicht erfolgt wäre (sie musste aber nothwendig erfolgen, da einmal der Brand der Aufklärung durch Darwin entzündet war), hätte auch die Selectionstheorie leicht das Schicksal der Lamarck'schen theilen können, ein halbes Jahrhundert hindurch todtgeschwiegen und fast allgemein verachtet zu werden, wovor sie jetzt genügend gesichert ist.

Transmutations- oder Descendenztheorie läuft ja eben darauf hinaus, dass die sogenannte »Entstehung« der Arten eigentlich keine Entstehung, sondern eine Umwandlung ist, was Herr Professor Bischoff übersehen hat, wenn er auf pag. 82 der eben genannten Schrift behauptet, sie sei »ihrem Prinzip nach dasselbe Factum wie die Entstehung der ersten Art«. Auch ist zur Erklärung letzterer eine besondere Ursache nicht nur möglich, sondern selbst nothwendig anzunehmen, die man bei ersterer (nämlich der Umwandlung) allerdings für »unmöglich« und »ungereimt« erklären muss, — nämlich die Autogonie oder Generatio spontanea.